Vera Bianchi

Feministinnen in der Revolution

Vera Bianchi, wurde im selben Jahr geboren, in dem die Zeitschrift *Mujeres Libres en el Exilio* in der Nummer 36 ihr zehnjähriges Jubiläum feierte. Diese Exilzeitschrift wurde von Frauen, die während des Spanischen Bürgerkriegs bei den Mujeres Libres aktiv waren, in Frankreich, Großbritannien und Lateinamerika herausgegeben.
Zwanzig Jahre später studierte Vera Bianchi Neuere und Neueste Geschichte, Germanistik und Soziologie in Freiburg i.Br. und Dresden. Nach der Erstveröffentlichung dieses Buchs, ihrer Magisterarbeit, im Jahr 2003 forschte und publizierte sie neben der Lohnarbeit weiter zu den Mujeres Libres, lernte spanische alte KämpferInnen kennen und hielt Vorträge in Deutschland und Österreich. Zur Zeit ermöglicht ihr ein Stipendium, sich intensiv mit den Mujeres Libres und einer weiteren anarchosyndikalistischen Frauengruppe, dem Syndikalistischen Frauenbund in der Weimarer Republik, zu beschäftigen. Sie lebt mit ihren Töchtern in Hamburg.

Vera Bianchi

Feministinnen in der Revolution

Die Gruppe Mujeres Libres im Spanischen Bürgerkrieg

UNRAST

Bibliografische Information der Deutschen Bibliothek
Die Deutsche Bibliothek verzeichnet diese Publikation in der Deutschen Nationalbibliografie; detaillierte bibliografische Daten sind im Internet über http://dnb.ddb.de abrufbar.

Vera Bianchi
Feministinnen in der Revolution
2. überarb. Auflage, August 2020
ISBN 978-3-89771-203-4

www.unrast-verlag.de – kontakt@unrast-verlag.de
Mitglied in der assoziation Linker Verlage (aLiVe)

Umschlag: Steffi Schwan, online Design GmbH, Bad Kreuznach
Satz: UNRAST-Verlag, Münster
Druck: Multiprint, Kostinbrod

Inhalt

Vorwort zur 2. Auflage

Die Geschichte dieses Buches, das jetzt in der zweiten Auflage erscheint, beginnt nicht mit der Veröffentlichung vor 17 Jahren – sondern genaugenommen 1991. Da las ich als Schülerin einen Raubdruck von Hans Magnus Enzensbergers *Der kurze Sommer der Anarchie* über den Spanischen Bürgerkrieg und beschloss euphorisch, Geschichte zu studieren und eine Abschlussarbeit über den Spanischen Bürgerkrieg zu schreiben. Also lernte ich Spanisch, begann, Geschichte zu studieren, und las *Mein Katalonien* von George Orwell. Während meines Auslandssemesters in Madrid gegen Ende des Studiums zeigte mir eine Freundin im Frauenbuchladen Mary Nashs *Rojas. Las Mujeres Republicanas en la Guerra Civil*[1] und das Erinnerungsbuch von Zeitzeuginnen, *Mujeres Libres. Luchadoras Libertarias*[2], und schlug mir vor, meine Magisterarbeit über Frauen im Spanischen Bürgerkrieg zu schreiben. Ein Jahr später konnte ich im Bürgerkriegsarchiv[3] in Salamanca als eine der letzten ForscherInnen die Originalausgaben der Zeitschrift *Mujeres Libres* in den Händen halten, kurz darauf wurden die 13 Ausgaben digitalisiert und nur noch als Microfilm ausgegeben.

Meinen Traum, die Arbeit allen zugänglich zu machen, erfüllte der Unrast-Verlag – und ich war den Verlegern sehr dankbar, dass sie mein Manuskript von ExpertInnen prüfen ließen und im Mai 2003 publizierten, obwohl wir uns nicht kannten und es meine erste Veröffentlichung war. Hanna Mittelstädt, in deren Edition Nautilus ich damals ein Verlagspraktikum absolvierte, meinte, es reiche nicht, einfach ein Buch zu veröffentlichen, sondern ich müsse jetzt auch Lesungen dazu halten! Um mir Mut zu machen, leitete sie gleich die erste Veranstaltung in die Wege. Danach hielt ich die nächsten 17 Jahre Vorträge und Lesungen über die Mujeres Libres und lernte viele an ihrer Geschichte interessierte Menschen und deren Projekte kennen.

Bei vielen meiner Lesungen seither gab es angeregte Diskussionen über den anarchafeministischen Kampf dieser Frauen – einerseits ist es faszinierend, dass diese mutigen Frauen vor über 80 Jahren Einstellungen und Ideen hatten, die uns heute noch fortschrittlich vorkommen, andererseits ist es er-

1 Nash, Mary: Rojas. Las mujeres republicanas en la Guerra Civil, Madrid 1999. Das ist die veränderte spanische Version von: Defying Male Civilization: Women in the Spanish Civil War, Denver (Colorado) 1995.

2 Conchita Liaño Gil u.a.: Mujeres Libres. Luchadoras Libertarias, Madrid 1999.

3 Archivo General de la Guerra Civil Española

schreckend, wie aktuell ihre Forderungen sind, d.h. in den letzten 80 Jahren hat sich die Gesellschaft in Bezug auf Gleichberechtigung von Frauen und echte Demokratisierung aller sozialen Bereiche nicht so weit entwickelt.

Dass ein politisches Engagement wie das der Anarchistinnen in der Spanischen Revolution und im Spanischen Bürgerkrieg diese Frauen langfristig prägt, konnte ich persönlich erleben. Als ich im März 2005 den Historiker und Spanienkämpfer Abel Paz[4] und seinen Freund, den altruistischen Anarchisten Dieter Gebauer, auf einer Vortragsreise durch Kastilien und Aragonien begleitete, lernte ich zwei anarchistische Aktivistinnen kennen: Sara Berenguer Laosa und Concha Pérez Collado. Dieter Gebauer, der AnarchistInnen aus ganz Europa miteinander bekannt machte, hatte mir die Adressen und Telefonnummern der beiden Frauen gegeben, und beide empfingen mich sofort herzlich. Nach der emanzipatorischen Erfahrung der Spanischen Revolution engagierten sich beide ihr ganzes Leben lang politisch; unter anderem betrieb Concha Pérez während der Franco-Diktatur einen Marktstand in Barcelona, an dem sich immer AnarchistInnen trafen, und Sara Berenguer gab 13 Jahre lang mit anderen Mujeres Libres die Exilzeitschrift *Mujeres Libres en el exilio* heraus. Als ich sie kennenlernte, schrieb Sara Berenguer gerade an einem Buch über Aktivistinnen und veröffentlichte nebenbei Gedichte, während Concha Pérez private und öffentliche Gesprächsrunden mit anderen Aktivistinnen über ihr Engagement in der Spanischen Revolution hielt.

Während ich 2001, im Bürgerkriegsarchiv in Salamanca über die Zeitschrift *Mujeres Libres* gebeugt, fasziniert von den Ideen und Aktivitäten der Mitglieder war und sie eher als ein Kollektiv untersuchte, wurden diese Frauen im Laufe der Jahre als einzelne aktive Individuen wichtiger für mich. Inzwischen gibt es auch Monographien zu zwei der drei Gründerinnen der Mujeres Libres: zu Amparo Poch y Gascón[5] und zu Lucía Sánchez[6]. Weitere aktive Kämpferinnen in der Spanischen Revolution stellt Sara Berenguer vor.[7]

---

4 Sein nicht nur faktenreiches, sondern auch spannend geschriebenes Werk Durruti. Leben und Tode des spanischen Anarchisten. Hamburg 1993 (spanisches Original 1977) behandelt die Geschichte der anarchistischen Bewegung Spaniens sowie Vorgeschichte und erste Phase des Spanischen Bürgerkriegs und der Spanischen Revolution.

5 Antonina Rodrigo: Una mujer libre. Amparo Poch y Gascón, médica y anarquista, Barcelona 2002, und eine deutsche Zusammenfassung der spanischen Forschung zu ihr mit der ersten deutschen Übersetzung ihrer Erzählungen: Martin Baxmeyer: Amparo Poch y Gascón. Biographie und Erzählungen aus der spanischen Revolution, Heidelberg 2018.

6 Lucía Sánchez Saornil. Poeta, periodista y fundadora de Mujeres Libres, Madrid 2014.

7 Sara Berenguer: Mujeres de temple, Valencia 2008.

Die Pionierinnen in der Erforschung der Mujeres Libres, Mary Nash und Martha A. Ackelsberg, haben Sammelbände publiziert, in denen auch immer wieder die Mujeres Libres Thema sind.[8]

Die Zeitschrift *Mujeres Libres* steht im Fokus zweier neuer Forschungen,[9] und eine interessante neue Sicht auf die Bedeutung der Milicianas, der Milizionärinnen auf der republikanischen Seite, öffnet Lisa Lines.[10]

Nach der Lektüre von *Feministinnen in der Revolution* können diese neueren Forschungen als Vertiefung gelesen werden. Ebenso ist es inzwischen möglich, die Originaltexte und Erinnerungen von Aktivistinnen aus *Mujeres Libres. Luchadoras Libertarias* in mehreren Sprachen zu lesen, neben Französisch und Portugiesisch auch auf Deutsch[11].

Zu verschiedenen Aspekten der Aktivitäten der Mujeres Libres habe ich Artikel veröffentlicht,[12] und aktuell untersuche ich in einer größeren Arbeit Gemeinsamkeiten der Mujeres Libres mit den in der Weimarer Republik im Syndikalistischen Frauenbund aktiven Anarchistinnen.

Ich freue mich sehr, dass ich mit der ersten deutschsprachigen Monographie über diese aktive und mutige Frauengruppe einen Teil der jüngsten emanzipatorischen Geschichte beleuchten konnte, und hoffe, einige LeserInnen zu ermutigen, anhand der Gedanken und Aktivitäten dieser Anarchafeministinnen das eigene Leben und Umfeld zu verändern.

Vera Bianchi, Hamburg 2020

---

8 Mary Nash: Ciudadanas y protagonistas históricas: mujeres republicanas en la II República y la Guerra Civil, Madrid 2009, und: Feminidades y masculinidades: arquetipos y prácticas de género, Madrid 2014. Martha A. Ackelsberg hat in Resisting Citizenship: feminist essays on politics, community, and democracy, New York 2010, Aufsätze aus 30 Jahren versammelt, in denen die Mujeres Libres und andere anarchistische Gruppen und Frauenbewegungen thematisiert werden.

9 Jesús Maria Montero Barrado: Anarcofeminismo en Espana. La revista Mujeres Libres antes de la Guerra Civil, Madrid 2003, sowie Laura Vicente: La Revolución de las Palabras, Granada 2020.

10 Lisa Lines: Milicianas. Women in Combat in the Spanish Civil War, Lanham u.a. 2012.

11 Vera Bianchi (Hg.): Mujeres Libres. Libertäre Kämpferinnen. Bodenburg 2019.

12 u.a. Vera Bianchi: Geschlechterverhältnisse im Spanischen Bürger*innenkrieg: Milicianas (Milizionärinnen) zwischen Heroisierung und Schützengraben. In: Österreichische Zeitschrift für Geschichtswissenschaft, Bd. 2016/3, Wien 2016, S. 145-159, sowie Vera Bianchi: Feminismus in proletarischer Praxis: Der »Syndikalistische Frauenbund« (1920 bis 1933) und die »Mujeres Libres« (1936 bis 1939). In: Arbeit – Bewegung – Geschichte. Zeitschrift für historische Studien. Berlin 1/2018, S. 27-44.

Einleitung

Die Erforschung der historischen Bedeutung von Frauen ist ein relativ neuer Bereich der Geschichtswissenschaft; diese beschäftigte sich bis vor ungefähr dreißig Jahren ausschließlich mit der Geschichte, die von »großen Männern« gemacht wurde. Forschungsobjekt waren Kriege, Eroberungen und Bündnisse, die als Ergebnis der jeweiligen Stärke der Staaten und ihrer Staatsmänner interpretiert wurden – dabei blieb der Großteil der Menschen, die unbekannten Frauen und Männer, als Untersuchungsgegenstand außen vor. Die Geschichtswissenschaft betrachtete vor allem die Geschichte der Herrschenden und vernachlässigte soziale Bewegungen von unten. Wenn überhaupt das Handeln von Frauen untersucht wurde, dann nur, weil es sich um berühmte Frauen handelte – Frauen, die die herrschende Frauenrolle verlassen und sich in das Terrain der Männer begeben hatten. In der Folge der »kulturellen Revolution« 1968 in Westeuropa und den USA begannen HistorikerInnen, die ›anonymen Massen‹ als HandlungsträgerInnen aufzufassen; dabei gerieten zum ersten Mal die Lebenswirklichkeiten von Frauen in das wissenschaftliche Blickfeld. Auch heute noch stehen wir am Anfang dieser Forschungen; der Großteil der HistorikerInnen nimmt die neue Sichtweise nicht an, und die Beschaffung von Quellen gestaltet sich schwierig, da sie sich selten in Archiven befinden.

Hier werde ich eine Gruppe größtenteils ›namenloser Frauen‹ untersuchen, die Teil einer sozialen Bewegung waren: die anarchistische Frauengruppe Mujeres Libres (Freie Frauen), die im Spanischen Bürgerkrieg und der gleichzeitigen sozialen Revolution aktiv war. Dabei interessiert mich sowohl ihr Umfeld – wie zu dem Zeitpunkt ihrer Gründung das Bewusstsein der spanischen Frauen war, welche Erfahrungen im Kampf um ihre Rechte sie bisher gemacht hatten – als auch die Mujeres Libres selbst: welche Überzeugungen die Gruppe hatte, was sie tat, um ihre Ziele zu verwirklichen, und warum sie weder in der anarchistischen noch in der feministischen Bewegung ihrer Zeit aufging.

Quellenlage

Die Beschäftigung mit Frauengeschichte bis ins 20. Jahrhundert hinein steht vor dem Problem, dass es kaum gesicherte schriftliche Quellen gibt. Da Frauen zumeist nicht in Politik und Gesellschaft auftraten, sondern eher in dem Bereich der »Alltagsgeschichte« erfasst werden können, hatten sie kaum Kontakt zu den Institutionen, in denen seit Jahrhunderten immer wieder schriftliche Dokumente angefertigt und hinterlassen wurden. Vor allem das Leben der spanischen Frauen im 19. und Anfang des 20. Jahrhunderts kann eher »rekonstruiert« als erforscht werden. Die HistorikerInnen sind also gezwungen, die Informationen zusammenzutragen, die sich als eine Art Nebenprodukt aus anderen Untersuchungsgebieten ergeben. Die Beschreibung der Aktivitäten der wenigen herausragenden Frauen, also all das, was zeitgenössische HistorikerInnen an ihnen hervorheben, lässt darauf schließen, wie die Durchschnittsfrauen nicht lebten.

Die Erforschung der Mujeres Libres gestaltet sich schon etwas einfacher, da sie, als aktiv in die Gesellschaft eingreifende Gruppe und des Lesens und Schreibens mächtig, selber schriftliche Dokumente verfassten – sowohl ihre Zeitschrift Mujeres Libres und andere Publikationen als auch Artikel für andere Zeitschriften der anarchistischen Bewegung. Leider gibt es immer noch keine Zusammenfassung aller Publikationen der Mujeres Libres; nicht einmal alle Artikel der dreizehn Nummern ihrer Zeitschrift wurden veröffentlicht. Dadurch sind diese Dokumente nur für eine kleine Gruppe zugänglich: Um die Zeitschriften im Archivo General de la Guerra Civil española (Salamanca) oder andere Veröffentlichungen in der Biblioteca Nacional (Madrid) lesen zu dürfen, braucht man den Nachweis eines Forschungsvorhabens. Damit sich alle an den Mujeres Libres Interessierten ein eigenes Bild der Gruppe machen können, wäre es wünschenswert, dass es – nach über 60 Jahren – eine Gesamtausgabe ihrer Veröffentlichungen gäbe.

Während die politischen Aktivitäten der Mujeres Libres als Gruppe einigermaßen gut dokumentiert sind, betrifft das nicht die Frauen als einzelne. Von den meisten wissen wir nicht einmal den Namen, und nur von den Gründerinnen und den aktivsten Frauen ist etwas über ihre speziellen Arbeitsgebiete in der Gruppe bekannt. Wie der Großteil der Mitglieder lebte, den Alltag gestaltete, ob und wie sie ihre politischen Überzeugungen auch im Privaten umsetzten, bleibt offen.

Die US-Amerikanerin Mary Nash, die Professorin für Zeitgeschichte an der Universität Barcelona ist und seit Mitte der 70er Jahre Pionierarbeit in der Erforschung der Mujeres Libres leistet, weist auf eine weitere Schwierigkeit bei der Quellensuche über die Mujeres Libres hin: Durch die Repression in den franquistischen Gebieten während des Bürgerkriegs und in ganz Spanien unter der Franco-Diktatur nach Kriegsende verschwanden viele Dokumente aus den Archiven der Ministerien, der Gewerkschaften und der Parteien, die die sozialen Dimensionen des Kampfes hätten beleuchten können.[1]

Forschungsstand

Obwohl der Spanische Bürgerkrieg in den letzten Jahrzehnten viele HistorikerInnen in Europa und den USA beschäftigte, taucht die Rolle der Frauen dabei allenfalls am Rande auf. Sehr breit untersucht wurde die Makroebene des Konflikts: die Entscheidungen der spanischen Politiker, die militärischen Einzelheiten, die Rolle der faschistischen Länder (Deutschland und Italien) und die der demokratischen (Großbritannien und Frankreich). Der Klassiker »Revolution und Krieg in Spanien«[2] der Franzosen Pierre Broué und Émile Témime erwähnt zwar an einigen Stellen das veränderte Leben der spanischen Frauen und ihre Teilnahme an revolutionären und kriegerischen Aktivitäten, widmet ihnen jedoch kein eigenes Kapitel. In den renommierten englischsprachigen Darstellungen des Spanischen Bürgerkriegs – Burnett Bolloten[3], Hugh Thomas[4], Stanley G. Payne[5] und Paul Preston[6] – tauchen Frauen oder Frauenthemen nicht in den Kapitelüberschriften auf, und im Text erschöpft sich ihre Beschäftigung mit Frauen meistens in der Erwähnung der »La Pasionaria«, der Kommunistin Dolores Ibárruri, die sich zwar durch ihre flammenden Reden einen Namen machte, meistens jedoch weniger als Frau denn als Symbol für den antifaschistischen Kampf wahrgenommen wird. Sie ist auch die einzige Frau, die in dem Buch des Stalinisten Luigi Longo genannt wird; sonst dienen bei ihm Frauen nur dazu, die anonymen Massen darzustellen.[7]

Auch in den Untersuchungen von Andreu Castells und Vincent Brome zu den Internationalen Brigaden wird dem Engagement von Frauen keine Rechnung getragen, obwohl dort berühmte Frauen aus aller Welt mitkämpften.[8]

Den revolutionären Veränderungen im republikanischen Spanien, vor allem den Kollektivierungen in den Städten und auf dem Land, wird seit den 70er Jahren Aufmerksamkeit gewidmet,[9] doch auch hier tauchen Frauen recht selten auf. Im traditionellen und katholischen Spanien war ihr Platz vor allem in der Familie und im Haus und nur in Ausnahmen in der Politik, so dass militärische und politische Studien wenig zur Untersuchung ihrer Situation und Aktivitäten im Spanischen Bürgerkrieg beitragen. Dazu geeigneter wären Untersuchungen zum Alltag im Spanischen Bürgerkrieg[10], die aber kaum existieren.

Seit Francos Tod im November 1975 gibt es in der spanischen, aber auch in der englischsprachigen Geschichtswissenschaft Untersuchungen zu den Frauen im Spanischen Bürgerkrieg, mit dem Schwerpunkt auf der republikanischen Zone und den Veränderungen, die die Frauen dort erfuhren beziehungsweise selbst durchführten. Vor allem Mary Nash hat sich in vielen Studien mit dem Wandel im Leben der spanischen Republikanerinnen beschäftigt.[11] 1979 übersetzte Thomas Kleinspehn Teile einer Artikelsammlung von ihr – »Mujeres Libres« – und veröffentlichte sie unter dem Titel »›Mujeres Libres‹. Die freien Frauen in Spanien 1936-1978«[12]; dies ist leider die einzige deutschsprachige Übersetzung von Originaltexten der Mujeres Libres und schwer erhältlich. Ein weiteres deutschsprachiges Buch zu den Mujeres Libres, eine Aufsatzsammlung über die Mujeres Libres, in dem auch ein paar Originaltexte enthalten sind, heißt »Frauen in der Spanischen Revolution 1936-1939« und wurde 1984 von Cornelia Krasser und Jochen Schmück herausgegeben.[13] Darin enthalten ist auch ein Interview von Karin Buselmeier mit der ehemaligen Spanienkämpferin Clara Thalmann aus dem Jahre 1976; ein Jahr später führte sie Interviews mit zwei weiteren ehemaligen Aktivistinnen, Emilienne Morin und Lola Iturbe. Alle drei erschienen erstmals in der Ausgabe Nr. 9/10 der Reihe »Mamas Pfirsiche – Frauen und Literatur«.[14]

Dass es auch noch heute AutorInnen gibt, die sich mit den Mujeres Libres beschäftigen, zeigt das Buch »AnarchaFeminismus« von Silke Lohschelder, das 2000 erschien;[15] die Mujeres Libres werden zwar nur in einem Kapitel behandelt, dafür aber in einen größeren Rahmen gestellt, indem die Autorin Gemeinsamkeiten mit Frauengruppen in anderen Ländern und zu anderen Zeiten aufzeigt.

Besonders erfreulich ist das Buch »Luchadoras Libertarias«, das 1999 von ehemaligen Kämpferinnen der Mujeres Libres herausgegeben wurde. Mercedes Comaposada, eine der Gründerinnen der Gruppe, beabsichtigte nach Francos Tod, ein Buch über die Mujeres Libres zu schreiben, und sammelte Zeugnisse anderer ehemaliger Mitglieder, indem sie ihnen folgende Fragen schriftlich zusandte:

»Was war ›Mujeres Libres‹? Warum war die Gruppe besonders? Warum war sie autonom? Warum war sie eine Organisation und keine Assoziation? Die Frau als Mutter, Produzentin, Frau. Politischer Feminismus und menschlicher Feminismus. Freie Liebe. Zusammenleben und sexuelles Problem.«[16]

Sie erhielt viele Antworten und hatte den ersten Band bereits fertig geschrieben und den zweiten fast beendet, als sie starb; in ihrem Nachlass wurden weder die Manuskripte noch die Antwortbriefe der Mitglieder gefunden.

> »Alles ist verschwunden, wir konnten nichts finden. Und das Traurigste ist, dass diese Geschichte nie wieder rekonstruiert werden kann mit den Details und der Genauigkeit, mit der sie [Mercedes Comaposada, V.B.] es tat, da keine der Gründerinnen mehr lebt.«[17]

Trotz dieses Verlustes setzten sich einige Veteraninnen[18] zusammen und sammelten ihre Erinnerungen, um die Geschichte der Mujeres Libres zu schreiben.

Anmerkungen

1 Mary Nash: Rojas. Las mujeres republicanas en la Guerra Civil. Taurus, Madrid 1999, S. 85.

2 Geschichte des spanischen Bürgerkrieges. Suhrkamp, Frankfurt/Main 1968 (Paris 1961).

3 The Grand Camouflage. Pall Mall, London 1968 (1961).

4 The Spanish Civil War. Penguin Books, Harmondsworth, Middlesex 1974 (1961; überarbeitete Version 1965).

5 The Spanish Revolution. Norton, New York 1970.

6 Revolution and War in Spain 1931-1939. Methuen, London/New York 1984.

7 Luigi Longo: Die internationalen Brigaden in Spanien. Rütten & Loening, (Ost-) Berlin 1958. Genauso wie Longos Buch findet das politische Pendant dazu, das Buch des Trotzkisten Felix Morrow – Revolution und Konterrevolution in Spanien. Gervinus, Essen 1976 –, vor lauter Anklagen gegen »Gesinnungsverräter« (bei Longo sind das die AnarchistInnen und MarxistInnen, bei Morrow eigentlich alle außer einer Gruppe orthodoxer TrotzkistInnen, die zahlenmäßig unbedeutend waren) keinen Platz zur Darstellung der Aktivitäten der republikanischen Frauen und ihrer veränderten Rolle; nicht einmal ihre Existenz in der Miliz wird erwähnt, obwohl die beiden Autoren die Milizen ausführlich darstellen.

8 Andreu Castells: Las Brigadas Internacionales de la guerra de España. Ariel, Barcelona 1974; Vincent Brome: The International Brigades. Spain 1936-1939. Heinemann, London 1965. Während Andreu Castells nichts zu Frauen schreibt, stellt sie Vincent Brome in ein abwertendes Licht, als er ein einziges Mal zwei sich an der Front befindende Frauen erwähnt (S. 207): Obwohl die beiden ein Maschinengewehr bedienen und die eine im Kampf verletzt wird, betont Vincent Brome, dass sie wegen ihrer Liebhaber an der Front seien. Einer der Kommandanten sagt den Frauen, dass sie nicht kämpfen dürfen, und erläuternd fügt der Autor an: »Women had been forbidden to enlist in the International Brigades from the day when the Republican Government stopped any further women volunteers from entering the militia.« Eine kritische Hinterfragung dieser Maßnahme gibt es nicht, aber das hätte auch nicht in Bromes Buch gepasst, das

wie eine x-beliebige Kriegsgeschichte geschrieben ist. Als ernstzunehmende historische Untersuchung kann das Buch meines Erachtens auch deshalb nicht gelten, weil Brome an den Stellen, an denen er etwas zu deuten versucht, seinen ungeheuren Homosexuellenhass offenbart. So setzt er die Homosexualität zweier Mitglieder der Internationalen Brigaden mit den Geisteskrankheiten von anderen gleich, und an anderer Stelle dient ihm die Homosexualität eines Brigadeleiters als Erklärung dafür, dass er immer zu spät kommt, Versammlungen hasst und nie Freunde zu sich nach Hause einlädt. (S. 278f.)

9 Bereits in den 50ern erschien Augustin Souchy: Nacht über Spanien. Anarcho-Syndikalisten in Revolution und Bürgerkrieg 1936-39. Ein Tatsachenbericht. Trotzdem, Grafenau 41992 (1955). In den 70ern veröffentlichte Gaston Leval: Das libertäre Spanien. Das konstruktive Werk der spanischen Revolution (1936-1939). Association, Hamburg 1976 (Paris 1971). Walther L. Bernecker hat sich intensiv mit der sozialen Revolution in Spanien beschäftigt; siehe zum Beispiel seine Quellensammlung: Kollektivismus und Freiheit. Quellen zur Geschichte der Sozialen Revolution in Spanien 1936-1939. dtv, München 1980.

10 Unter dem Titel »Das Alltagsleben während des Bürgerkriegs« veröffentlichte ein franquistischer Historiker kurz vor Francos Tod eine Untersuchung, die sich jedoch als vorwiegend militärische Kriegsdarstellung mit kurzen, oberflächlichen Zusammenfassungen über das Leben der Menschen herausstellt: Rafael Abella: La vida cotidiana durante la guerra civil. Planeta, Barcelona 1974.

11 Defying Male Civilization: Women in the Spanish Civil War. Arden Press, Denver (Colorado) 1995; Las mujeres en la Guerra Civil. Ministerio de Cultura, Madrid 1989; Milicianas and Homefront Heroines: Images of Women in War and Revolution 1936-1939. In: History of European Ideas 11/1989, S. 235-244; Mujer y movimiento obrero en España. 1931-1939. Fontamara, Barcelona 1981; Mujeres Libres: España 1936 – 1939. Tusquets, Barcelona 1975; Rojas. Las mujeres republicanas en la Guerra Civil. Taurus, Madrid 1999 (Das ist die veränderte spanische Version von »Defying Male Civilization«.).

12 Karin Kramer, Berlin 1979.

13 Libertad, Berlin 1984.

14 Karin Buselmeier: Frauen in der Spanischen Revolution. In: Mamas Pfirsiche – Frauen und Literatur. Band 9/10, Münster, Herbst 1978; S. 5-130.

15 Silke Lohschelder et al.: AnarchaFeminismus. Auf den Spuren einer Utopie. Unrast, Münster 2000.

16 Zitiert von Pepita Estruch, in: Mujeres Libres: Luchadoras Libertarias. Fundación Anselmo Lorenzo, Madrid 1999, S. 88.

17 Pepita Estruch, in: Mujeres Libres: Luchadoras Libertarias, S. 89.

18 Conchita Liaño Gil, Pura Pérez Benevent, Sara Berenguer Laosa, Soledad Estorach Esterri, Conchita Guillén Bertolín, Pepita Carpena Amat, Pepita Estruch Pons, Gracia Ventura Fortea, Antonia Fontanillas, María Rodríguez Gil.

Hintergrund

Spanien im 19. und Anfang des 20. Jahrhunderts

Wurzeln des Bürgerkriegs

Im Spanischen Bürgerkrieg kulminierten die schon lange bestehenden Konflikte des spanischen Nationalstaates; mitten durch die spanische Gesellschaft verlief eine tiefe Trennung, so dass von den »zwei Spanien« gesprochen wird.[1] Die vier fundamentalen Konflikte in der spanischen Gesellschaft, die die Politik bis ins 20. Jahrhundert maßgeblich prägten und als langfristige Auslöser des Spanischen Bürgerkriegs gesehen werden können, entstanden im 19. Jahrhundert: die Agrarfrage, der Konflikt zwischen dem Zentrum und der Peripherie, der Einfluss des Militärs und schließlich das enge Verhältnis zwischen Staat und Kirche, das zu antikirchlichen Ausbrüchen des Proletariats führte.

Das Agrarproblem bestand vor allem im Fehlen einer Mittelschicht; im Süden Spaniens lebte eine große Anzahl landloser TagelöhnerInnen, die auf den großen Ländereien, den Latifundien, für Hungerlöhne bei den GroßgrundbesitzerInnen arbeiteten. Im Norden gab es viele Kleinstfarmen, auf denen die BesitzerInnen selber arbeiteten, ohne großen Gewinn zu erwirtschaften. Nur in Katalonien, im Baskenland und in der Levante gab es überhaupt eine ländliche Mittelschicht.

Landbesitz hatte in Spanien eine hohe Bedeutung: »nicht nur soziales Ansehen und ein arbeitsfreies Leben aus Renteneinkommen [,sondern] die Kontrolle über den Boden implizierte gleichzeitig die Verfügungsgewalt über die wichtigste Quelle des nationalen Reichtums«[2]. »Land und Freiheit« war immer der wichtigste Slogan der revolutionären Bewegungen Spaniens. Ende der 60er Jahre des 19. Jahrhunderts entstand unter den Landlosen eine anarchistische Bewegung.

Auch durch den Konflikt zwischen Zentralspanien und der Peripherie (Baskenland und Katalonien) entstanden im 19. Jahrhundert Massenbewegungen, jedoch mehr politischer als sozialer Natur. Katalonien und das Baskenland waren die am weitesten entwickelten und reichsten Regionen Spaniens, die jedoch ihre politischen Sonderrechte (»fueros«) im 18. (Katalonien) beziehungsweise 19. Jahrhundert (Baskenland) verloren, während das agrardominierte Zentrum, in dem es kaum Industrie gab, die politische Macht besaß. Trotz dieser ähnlichen Ausgangsbedingungen sind die Autonomiebewegungen der beiden Regionen sehr unterschiedlich: der katalanische Regionalismus entstand zu Beginn des 20. Jahrhunderts und besitzt einen starken linken Flügel, während der baskische Regionalismus erst mit der Zweiten Republik (1931) entstand und konservativ und religiös geprägt ist.

Das spanische Militär hatte im 19. Jahrhundert eine herausragende Bedeutung; »[b]ei nahezu jedem politischen Wechsel wirkte das Militär entweder an vorderster Stelle oder zumindest im Hintergrund mit; sein Einfluss auf die Politik blieb ein wesentlicher Faktor der Instabilität.«[3] Seit dem Unabhängigkeitskrieg gegen Napoleon (1808 – 1814) war das Militär politisiert. Im 19. Jahrhundert war seine Einstellung reformistisch und liberal, für die Zentralisierung und Modernisierung; während der gesellschaftlichen Veränderungen des 19. Jahrhunderts behielt das Heer jedoch seine Einstellungen bei, indem es weiterhin für eine konstitutionelle Monarchie, die nationale Ordnung und traditionelle Werte eintrat.

Das vierte Konfliktpotential in Spanien lag in dem engen Verhältnis von Kirche und Staat. Seit der staatlichen Einigung unter den Katholischen Königen 1492 gehörten politische und religiöse Einheit zusammen; sowohl 1812 als auch 1876 wurde der Katholizismus zur Staatsreligion erklärt. Durch die einflussreiche Stellung der katholischen Kirche wurde diese von der Arbeiterklasse mit den Herrschenden identifiziert, so dass sich die Wut des Proletariats in zunehmendem Maße gegen die Kirche und deren VertreterInnen in den Klöstern richtete. Das enge Verhältnis zwischen Kirche und Staat bestand durch die Restaurationsära (1875 – 1923) hindurch bis zum Ende der Diktatur Miguel Primo de Riveras (1923 – 1930).

Diese vier Konfliktfelder – und nicht kurzfristige Entscheidungen einzelner Personen – sieht Walther L. Bernecker als Gründe für den Bürgerkrieg:

> »Der Bürgerkrieg war das Ergebnis dieser unüberbrückbaren Gegensätze und der verzweifelte Versuch zuerst der Rechten, in Reaktion darauf dann auch der Linken, ihr Gesellschafts-, Wirtschafts- und Staatsmodell, das mit reformistisch-friedlichen Mitteln nicht zu erreichen war, gewaltsam durchzusetzen.«[4]

Die Zweite Republik (1931–1936)

Bei den Gemeindewahlen am 12. April 1931 (nach dem Rücktritt des Diktators Primo de Rivera) siegten die pro-republikanischen Parteien, so dass am 14.4.1931 die Republik ausgerufen wurde.[5] Bei den Wahlen zur Verfassunggebenden Versammlung im Juni 1931 gewannen die Sozialisten mit ihren Wahlbündnissen; 1933 machten sich die Rechten das Wahlsystem zunutze und gewannen nun ihrerseits die Wahl, indem sie sich zu Bündnissen zusammenschlossen. Die beiden ersten Jahre der Republik werden das »bienio de reformas« (»zwei Reformjahre«) genannt; neben den Gesetzen über die Rechte der Frau sollten auch die Agrargesetze reformiert werden. In dem darauffolgenden »bienio negro« (»zwei schwarze Jahre«; November 1933 bis Anfang 1936) wurden allerdings alle Agrarreformen zurückgenommen.

In der republikanischen Verfassung vom Dezember 1931 wurden der Frau in wichtigen Punkten gleiche Rechte wie dem Mann zugestanden: Artikel 36 gab ihr das Wahlrecht, Artikel 43 legte die gleichen Rechte für Frau und Mann in der Ehe fest, Artikel 40 besagte, dass alle Spanier, ungeachtet ihres Geschlechts, für alle Berufe und Posten nach ihren Fähigkeiten zugelassen sind, und mit Artikel 25 erhielt die Frau auch die Gleichberechtigung in rechtlichen Angelegenheiten.[6] Die verfassungsmäßige Gleichberechtigung war jedoch umstritten, sogar zwei der drei weiblichen Parlamentsabgeordneten[7], die darüber zu entscheiden hatten, waren gegen das Frauenwahlrecht, da sie befürchteten, dass die ungebildeten Frauen sich von ihren Ehemännern und den katholischen Priestern diktieren lassen würden, wen sie wählen sollten. So gab es denn auch 1933 – als die Frauen zum ersten Mal vom Wahlrecht Gebrauch machen konnten – den Vorwurf, die Frauen trügen die Schuld am Wahlsieg der rechten Parteien. Der Grundstein für eine Gleichberechtigung der Geschlechter war gelegt, jedoch klagten die republikanischen Frauenorganisationen während des Bürgerkriegs, dass die Republik nicht viel zur Propagierung der neuen Frauenrechte getan habe, so dass sich – außer auf dem Papier – nicht viel für die Spanierinnen geändert habe.[8]

Von Anfang an hatte die Republik mit einem mächtigen rechten Block zu kämpfen (der die Wiederherstellung der Monarchie oder auch einer Diktatur anstrebte); die deshalb nur zaghaften Reformversuche lösten jedoch die Probleme der Besitzlosen nicht. Die in Spanien verspätet eintretenden Folgen der Weltwirtschaftskrise verschärften die Lage noch.[9] In den fünf Jahren der Zweiten Republik kam es ständig zu Aufständen, die meist blutig niedergeschlagen wurden. Im Januar 1933 erhoben sich mehrere Dörfer in Katalonien, der Levante und Andalusien und riefen den libertären Kommunismus aus; am bekanntesten wurde das andalusische Dorf Casas Viejas, wo die Bevölkerung die Polizei zurückdrängte und einen inhaftierten Anarchistenführer aus dem Gefängnis befreite. Als die Guardia Civil das

Dorf unter ihre Kontrolle brachte, erschoss sie elf AnarchistInnen und 13 BürgerInnen, die meisten, nachdem diese sich bereits ergeben hatten.[10]

Im Frühjahr 1934 gab es in ganz Spanien einen massenhaften Landarbeiterstreik, der niedergeschlagen wurde, ebenso wie die Revolution der asturischen Bergleute im Oktober 1934, mit deren Unterdrückung die Regierung den späteren Diktator Francisco Franco und seine maurischen Truppen beauftragte. Nach der »Oktoberrevolution« wurden ArbeiterInnen, GewerkschaftlerInnen und LandarbeiterInnen in ganz Spanien, die der Mitarbeit an den Aufständen verdächtigt wurden, ins Gefängnis geworfen und erst nach dem Wahlsieg der linken Parteien aufgrund von Massendemonstration der CNT befreit.[11] Nach der Volksfrontwahl am 16.2.1936, die so heißt, da bei den Parlamentswahlen die Volksfront – ein Bündnis linker und republikanischer Parteien – gewann, wurden die Landbesetzungen und Aufstände häufiger. Auf der anderen Seite bereiteten sich die Rechten auf einen Putsch vor, da sie über die Wiederaufnahme der Agrarreform und über die oben genannte Amnestie empört waren. Die Radikalisierung von Rechts und Links manifestierte sich in unzähligen Straßenschlachten vor allem der jeweiligen Jugendorganisationen.

Gesellschaftsbild und Realität der Frauen

Über das Leben der spanischen Frauen gibt es für die Zeit vor dem Spanischen Bürgerkrieg noch weniger Quellen als für die Zeit während des Bürgerkriegs. Ihr Leben spielte sich zum Großteil in Bereichen ab, die selten für die Nachwelt schriftlich festgehalten wurden: Haushaltsführung, Kindererziehung und der tägliche Gang zur Kirche (oder, wie es wohl auch in Spanien ein stehender Begriff ist: die ›drei K‹: Kinder, Küche, Kirche)[12]; denn der Alltag war strikt zwischen den Geschlechtern getrennt – der gesellschaftliche und politische Bereich für die Männer, der häusliche Bereich für die Frauen. Abgesehen davon war die Analphabetenrate unter den Frauen extrem hoch – 1860 lag sie bei 86 Prozent (Shirley Mangini gibt sogar 90 Prozent für das Jahr 1870 an)[13], um 1900 bei 71 Prozent (während dann die der Männer bei rund 56 Prozent lag)[14] –, so dass sie gar nicht in der Lage gewesen wären, etwas schriftlich festzuhalten.

Die Situation der spanischen Frauen um die Jahrhundertwende war durch folgende Ambivalenz geprägt: sie wurden bevormundet durch den konservativen Staat, die katholische Kirche und ihren Vater beziehungsweise später den Ehemann. Gleichzeitig ermöglichten ihnen dieselben Institutionen auch eingeschränkte Freiheiten; so war der tägliche Gang zur Kirche oft die einzige Möglichkeit, soziale Kontakte zu unterhalten. Temma Kaplan vergleicht die Bedeutung der Messe für die Frauen mit der Bedeutung der Cafés für die Männer:

> »Die tägliche Messe bildete den gesellschaftlichen Mittelpunkt im Leben der armen Frauen, so wie es für die armen Männer die Eckkneipe oder das Café war.«[15]

Die Klöster waren es auch, die armen Frauen ein zusätzliches Einkommen ermöglichten, indem sie sie als Heimarbeiterinnen beschäftigten.[16] Und Anfang des 20. Jahrhunderts nahm nur die katholische Kirche die Bitte der Arbeiterinnen ernst, etwas für ihre spezielle Situation zu tun, während Parteien und Gewerkschaften keinen Unterschied zwischen Arbeitern und Arbeiterinnen machen wollten und deshalb die speziellen Probleme der Arbeiterinnen ignorierten.[17]

Es dominierte das Bild der Frau als »ángel del hogar«[18] (Engel des Heims/der Familie), in dem die Frau sehr angesehen war, solange sie in ihrem Bereich blieb und diesen zur Zufriedenheit beherrschte. Da der Familienbereich so strikt den Frauen zugeschrieben wurde, hatten auch sie darin die Entscheidungsfreiheit. In einer Broschüre für junge Frauen, die 1886 veröffentlicht wurde, hieß es: »La mujer es el gobierno de la casa«[19] (Die Frau ist die Regierung des Hauses), und ihr wurde die Aufgabe zugeschrieben, durch die richtige Erziehung für das Wohl der Gesellschaft zu sorgen.

Obwohl eine Frau also durch ihre Kindererziehung und Haushaltsführung Ansehen erlangen konnte, galt sie dennoch im Vergleich mit dem Mann als minderwertig. Während in den säkularisierten Staaten Europas im 19. Jahrhundert pseudowissenschaftliche Erklärungen für die Überlegenheit des männlichen Geschlechts aufkamen, dominierte in Spanien weiterhin die katholische Doktrin, wonach es göttlicher Wille sei, dass die Frau minderwertig geschaffen worden sei. Um die Jahrhundertwende wurde auch in Spanien die Geschlechterdiskussion weltlicher. So kam um 1920 der Mediziner Gregorio Marañon zu der Feststellung, dass Frauen nicht minderwertig, sondern anders als Männer seien, und zwar das komplementäre Gegenstück; dies ist das in patriarchalen Gesellschaften dominierende Bild der Geschlechterdifferenz, wonach der Mann durch rationale Sachlichkeit und die Frau durch Emotionalität bestimmt sei. Diese Idee setzte sich allmählich durch, änderte jedoch nichts an der Lebenswirklichkeit der Frauen: Vorher hatten sie sich um Haushalt und Kindererziehung gekümmert, weil die Männer davon ausgingen, dass die Frauen zu dumm für andere Aufgaben seien; nun sahen die Männer in den Frauen das Gegenstück zu sich selbst, und da sie die Rationalität für sich beanspruchten, behaupteten sie, die Frauen seien gefühlsmäßig gesteuert und es liege in ihrem emotionalen Wesen, sich um Kindererziehung und Haushalt zu kümmern.

Von der Abwertung durch Kirche, Staat und die männerdominierte Gesellschaft waren Frauen aller Schichten betroffen, jedoch auf unterschiedliche Weise. Während Frauen aus der Oberschicht keiner bezahlten Arbeit nachgehen durften, da dies danach aussähe, als könnte ihr Vater sie nicht ernähren,[20] waren die Frauen der Arbeiterklasse gezwungen, ihre Arbeitskraft für einen geringeren Lohn als die männlichen Arbeiter zu verkaufen, wobei es ihnen verboten war, schwanger zu werden und ein Kind zu bekommen.[21]

Aufgrund der Armut des größten Teils der spanischen Bevölkerung arbeiteten viele Frauen – trotz des vorherrschenden anderslautenden Idealbildes des »ángel del hogar« –, wie ein Blick auf die Anzahl der Arbeiterinnen zeigt:[22]

Jahr	Gesamtzahl der arbeitenden Frauen	Davon in der Landwirtschaft	Davon in der Industrie	Davon in den Dienstleistungen
1910	917.970	39,15 % (359.429)	19,44 % (178.443)	41,41 % (380.093)
1920	1.012.937	31,17 % (321.184)	27,36 % (277.146)	40,93 % (414.607)
1930	1.105.443	23,84 (263.511)	28,45 % (314.496)	47,71 % (527.436)

In den offiziellen Arbeitsstatistiken sind jedoch nicht alle Arbeiterinnen erfasst, da Frauen, die nur gelegentlich arbeiteten, und die, die nach dem Sweating-System[23] beschäftigt waren, nicht immer berücksichtigt wurden.[24]

Die Ausbeutung der Frauen war enorm, da sie vor allem in niedrigqualifizierten Berufen arbeiteten und von dem dort sowieso niedrigen Lohn der Männer oft nur die Hälfte erhielten (1873 bekamen sie die Hälfte bis zwei Drittel, 1913 die Hälfte bis drei Fünftel des Lohns der Männer[25]). In der Landwirtschaft wurden sie auch häufig gar nicht entlohnt, sondern erhielten entweder nur spärliche Kost und Unterkunft für die Zeit der Ernte oder statt Geld irgendwelche Waren, die der Großgrundbesitzer gerade im Überfluss besaß.[26] Die offizielle Arbeitszeit betrug 1913 11 Stunden am Tag bei sechs Arbeitstagen pro Woche.[27]

Neben der Arbeit in der Landwirtschaft und im Sweating-System waren die Arbeit in der Textilindustrie und als Dienstmädchen bei reichen Familien die beiden Haupterwerbsquellen der spanischen Arbeiterinnen um die

Jahrhundertwende. Bis 1918 war es Frauen übrigens verboten, in der öffentlichen Verwaltung zu arbeiten.

Mary Nash stellt jedoch heraus, dass wir uns die spanischen Frauen um die Jahrhundertwende keineswegs nur als unmündig gehaltene Opfer vorzustellen haben; für sie haben die Frauen schon vor der Revolution 1936 in gesellschaftlichen Auseinandersetzungen »kollektive Erfahrungen«[28] gemacht, die ihnen dann im Kampf gegen den Faschismus zugute kamen. Allerdings ist noch viel zu wenig über diese Erfahrung bekannt, so dass es schwierig ist, die Gründe, Strategien und Ziele ihres Widerstands zu benennen. Mary Nash:

> »[D]ie Daten tendieren dazu, die Idee zu unterstützen, dass die weibliche Bedeutung auf dem Gebiet der sozialen Aktion während des 19. Jahrhunderts größer war, als uns die Historiographie bis vor kurzem glauben ließ.«[29]

In der »Semana Tragica« (der Tragischen Woche, 26.7.-1.8.1909), als nach der militärischen Niederlage eines Feldzugs in Marokko Ersatztruppen in Barcelona eingeschifft werden sollten und das Volk sich dagegen mit Aufständen zur Wehr setzte, kämpften viele Frauen mit; sie demonstrierten und versuchten, die Truppen am Abmarsch nach Marokko zu stoppen, indem sie sich auf die Schienen warfen.[30] Die Strategie, durch den gewaltlosen Einsatz der eigenen Person Truppen aufzuhalten, hatten auch schon die Frauen in der Pariser Kommune 1871 angewendet – als am 18. März französische Regierungstruppen versuchten, die Kanonen aus der Hauptstadt nach Versailles zu verlagern, um von dort aus die Aufständischen zu beschießen, stellten sich Frauen den Soldaten in den Weg.

> »Die Skrupel der Soldaten, auf Frauen und Kinder zu schießen, bestärkten sie durch Diskussionen und brachten so einen Teil der regulären Armee dazu, zu den Aufständischen überzulaufen.«[31]

Die Frauen hatten durchaus ihre eigenen Methoden, sich zur Wehr zu setzen, und konnten dabei das Vorurteil der weiblichen Minderwertigkeit zu ihren Gunsten nutzen, da die Soldaten Frauen nicht als äquivalente Gegner ansahen und sie deshalb nicht einfach erschießen konnten.

Auch im Arbeitskampf engagierten sich Frauen; so waren im Februar 1902 viele Frauen am Generalstreik in Barcelona sowohl als streikende Arbeiterinnen als auch auf nachbarschaftlich organisierten Demonstrationen beteiligt. In den folgenden fünfzehn Jahren waren Frauen vor allem in Barcelona, Madrid und Valencia auf diese Weise aktiv;[32] von den 26.500 ArbeiterInnen der Textilindustrie in Barcelona, die 1913 an einem Generalstreik teilnahmen, waren 22.000 Frauen, die mehr als 60 Prozent der Arbeitskräfte ausmachten und damit überproportional unter den Streikenden vertreten waren.[33]

Insgesamt gesehen engagierten sich die spanischen Frauen allerdings weniger bei arbeitsbedingten Missständen, als vielmehr bei Situationen, die die Lebensbedingungen verschlechterten. Während gewerkschaftlicher Arbeitskampf automatisch als »politisch« klassifiziert wird, werden Protestformen wie Friedensdemonstrationen und Aufstände bei Lebensmittelknappheit oft als »unpolitisch« diffamiert – also die Formen, die die Frauen der Arbeiterklasse vorwiegend wählten.[34] Temma Kaplan untersucht drei solcher Fälle von kollektiver Aktion der Frauen Anfang des 20. Jahrhunderts in Barcelona und stellt fest, dass die Frauen zunächst im Rahmen der ihnen zugeschriebenen Rolle handelten und die Arbeitsteilung nach Geschlecht akzeptierten: In irgendeiner Weise sahen sie ihre Aufgabe, die Familie mit Essen zu versorgen und den Haushalt zu erledigen, gefährdet, und versuchten, dies zu ändern. Dabei kamen sie jedoch in Konflikt mit der Autorität, wurden dadurch politisiert und verfolgten schließlich revolutionäre Ziele. Durch die Verteidigung ihrer traditionellen Aufgaben entwickelten die Frauen ein weibliches Selbstbewusstsein, das zu ihrer ursprünglichen Intention im Widerspruch stand beziehungsweise darüber hinauswies.[35] Die Politisierung der Frauen geschah nicht durch das Studieren revolutionärer Theorien, sondern durch die direkte Aktion.

Zum besseren Verständnis der Haltung der Frauen möchte ich die drei von Temma Kaplan untersuchten Protestsituationen etwas ausführlicher darstellen.

Im Oktober 1910 organisierten Arbeiterfrauen Solidaritätsdemonstrationen, nachdem sie erfahren hatten, dass ein siebenjähriges Mädchen, das von seiner Mutter für einige Zeit zur Genesung in die Obhut eines Klosters für Waisenkinder gegeben worden war, dort vergewaltigt worden war. Während die Männer Protestdemonstrationen vor den Kirchen organisierten, drückten die Frauen ihr Zusammengehörigkeitsgefühl mit dem Mädchen und seiner Mutter aus und protestierten, als die Polizei die Mutter und das Mädchen festnahm (die Vergewaltigung wurde verdreht zu unmoralischen Akten, an denen das Mädchen teilgenommen habe). Die Frauen demonstrierten jeweils nur innerhalb ihres Stadtviertels – das sie aufgrund der traditionellen Geschlechtertrennung nicht verlassen durften, da ihr Ort das Heim war –; erst als es zu einem Gerichtsprozess kam, versammelten sie sich außerhalb der traditionellen Grenzen. Der Prozess und das dann ausgesprochene Versammlungsverbot griff die Frauen als Kollektiv an, da sie es als ihren Aufgabenbereich ansahen, für den Schutz der Kinder und der anderen Frauen zu sorgen. Durch ihre Aktionen veränderte sich das Bewusstsein der Frauen; »[d]er Gebrauch von Gewalt gegen eine Frau brachte die Widersprüche ans Licht zwischen den Rechten, die die Frauen als ihre ansahen, im Einverständnis mit der [geschlechtlichen, V.B.] Arbeitsteilung, und ihrer Unfähigkeit, diese Rechte gegenüber den Missbräuchen durch die Männer durchzusetzen.«[36]

Auch während des Generalstreiks 1913 wurden die Frauen während und durch ihre Aktionen politisiert. 1912 hatte sich eine neue Textilgewerkschaft gegründet, die aufgrund der gestiegenen Lebensmittelpreise im Sommer 1913 höhere Löhne forderte. Als am 27.7.1913 die Ablehnung durch die Arbeitgeber bekannt wurde, versammelten sich die ArbeiterInnen, darunter mehr als tausend Frauen, und die Frauen drängten, den Streik auszurufen; drei Tage später streikten bereits 17.000 Arbeiter und 3.000 Arbeiterinnen. Die Frauen begannen, sich in linken Zentren, aber vor allem auf der Plaza de Cataluña, dem Hauptplatz des städtischen Lebens, zu treffen; ab dem 5. August marschierten sie täglich um 15 Uhr über die Ramblas (eine Flanier- und Einkaufsmeile Barcelonas) bis zum Amtssitz des »gobernador«[37]. Es ist bezeichnend für die Haltung der Frauen, dass sie eher einem städtischen Beamten als den Arbeitgebern die Lösung ihrer Probleme zutrauten. Als die Gewerkschaft den Generalstreik am Abend des 10.8. ausrief, baten männliche Gewerkschaftsführer die Frauen, die Aktionen auf der Straße zu beenden; sogar die kämpferischen Gewerkschaftsführer waren gegen die »wilden« (d.h. nicht von der Gewerkschaft abgesegneten) Demonstrationen. Die Frauen jedoch trafen sich am nächsten Tag in einer Massendemonstration, an der neben 1.500 Frauen auch 800 Männer teilnahmen, und schickten eine Abordnung von 16 Frauen zum Regierungspräsidenten. Während des fünfwöchigen Generalstreiks demonstrierten die Frauen täglich auf den Ramblas, wobei Polizisten versuchten, sie ohne Gewaltanwendung auseinanderzutreiben. Die mehrwöchige Präsenz der Frauen auf den Straßen, so Temma Kaplan, war ein physischer Beweis des politischen Bewusstseins der Frauen; diese Präsenz baute genauso eine soziale Bewegung auf, wie es eine politische Theorie getan hätte.[38]

Während die erste dieser kollektiven Aktion von Frauen sich gegen sexuelle Gewalt und die zweite gegen zu niedrige Löhne bei steigenden Lebensmittelpreisen richtete, galt die dritte »direkte Aktion« der Lebensmittel- und Kohleknappheit. Letztere hatte Anfang 1918 zur Entlassung von mehr als 10.000 ArbeiterInnen geführt, da die Fabriken ohne Kohle und Gas nicht betrieben werden konnten. Auch die privaten Haushalte konnten sich die hohen Kohlepreise nicht mehr leisten, doch die Kohlehändler hielten sich nicht an die Preisvorschriften durch eine neugebildete »Junta de precios« (Ausschuss zur Preisfestlegung, für Brennstoff und Lebensmittel, denn auch die Brotpreise waren enorm gestiegen). Am 9. Januar 1918 griffen mehr als 500 Frauen die Fuhrwerke an, die die Kohlen verteilten, und ungefähr tausend Frauen stürmten den Laden eines Kohlehändlers im Stadtzentrum und kauften sämtliche Kohlen zu einem äußerst niedrigen Preis. Am nächsten Tag begann eine zweite Phase dieser Bewegung, in der 200 Hausfrauen vor die Fabriken zogen und die Arbeiterinnen durch Rufe und Transparente – zum Beispiel »Frauen auf die Straße, um uns gegen den Hunger zu verteidigen!«[39] – aufforderten, sich ihnen anzuschließen. Gemeinsam marschierten sie zum »gobernador«, und sechs Frauen trugen ihm die Forderungen vor, die zeigen, wie wenig die Frauen ursprünglich daran dachten, den Rahmen ihrer Rolle zu sprengen: Sie forderten die Preisregulierung von Kohle, Brot, Olivenöl, Fleisch und Kartoffeln. Doch der »gobernador« ging nicht darauf ein und ließ, nachdem mehrere Frauen vorgesprochen hatten, am nächsten Tag die Menge von der Polizei vertreiben. Diese Zurückweisung radikalisierte die Frauen, die nun ein nicht-hierarchisches Netzwerk aufbauten und die nächsten sechs Wochen in der Stadt demonstrierten. Nach Temma Kaplan entnahmen sie diese Art der Demonstrationen (ebenso wie das Gemeinschaftsbewusstsein) dem katholischen Leben, als weltliches Äquivalent zu den katholischen Prozessionen; statt von Kirche zu Kirche zogen die Frauen nun von Markt zu Markt. Arbeiterinnen und Hausfrauen vereinten sich in den Netzwerken, und dort radikalisierten sich die Forderungen: Es sollten die Preise aller Grundnahrungsmittel auf den Stand von vor dem Weltkrieg und gleichzeitig die Mietpreise und die Tarife der öffentlichen Verkehrsmittel gesenkt werden. Außerdem verlangten sie die Wiedereinstellung von 6.000 männlichen Arbeitern bei der Eisenbahn. In den Netzwerken wurden nicht nur Forderungen aufgestellt, sondern auch kollektive Aktionen organisiert: In der ganzen Stadt stürmten weiterhin täglich Frauen die Lebensmittel- und Kohlegeschäfte und nahmen die Waren zu niedrigen Preisen an sich. Um einen Bürgerkrieg zu verhindern, wurde nach sechs Wochen der »gobernador« durch einen »gobernador militar« ersetzt, der den Ausnahmezustand ausrief und die Bürgerrechte aufhob.

Die Haltung der Frauen veränderte sich keineswegs immer in eine linke, revolutionäre Richtung – Temma Kaplan nennt auch historische Beispiele, wo Frauen gegen linke Strömungen kämpften –, sondern »[s]obald das Überleben der Gemeinschaft auf dem Spiel zu stehen scheint, aktivieren die Frauen ihre Netzwerke, um denjenigen zu bekämpfen – rechts oder links, Mann oder Frau –, von dem sie glauben, dass er ihnen in die Quere kommt, wenn sie das Leben auf ihre Weise bewahren wollen.«[40]

Anarchismus

Die Begriffe »Anarchie«, »Anarchismus« und »AnarchistInnen« waren und sind noch heute sehr stark vorurteilsbehaftet – jedeR glaubt genau zu wissen, was sich dahinter verbirgt, und verwendet sie als Bezeichnungen für unterschiedliche Sachverhalte, ohne dies darzulegen. Bis heute hat sich das Stereotyp »des Anarchisten« gehalten: ein randalierender, Krawalle anzettelnder junger Mensch, der vor Gewaltanwendung nicht zurückschreckt oder gar sie als natürliches Aktionsinstrument ansieht. Dementsprechend sei dann »der Anarchismus« die Lehre von diesem zerstörerischen Treiben, der besonders verdammungswürdig ist, da er keinen exakt definierten Gesellschaftsaufbau als Ziel angibt. Noch häufiger wird »die Anarchie« zitiert – damit werden einfach alle Situationen bezeichnet, in denen Unsicherheit und Unkontrollierbarkeit herrschen – immer aber nur im negativen Sinne.

Da in diesen Stereotypen und Vorurteilen jeweils auch korrekte Aspekte enthalten sind, möchte ich zunächst die Theorie des Anarchismus vorstellen, bevor ich zu seiner konkreten Entwicklung in Spanien komme.

Theorie

Der Anarchismus ist eine Gesellschaftstheorie, die eine herrschaftsfreie Gesellschaft anstrebt; dabei handelt es sich nicht um eine Theorie, sondern es gibt mehrere Strömungen des Anarchismus, die zum Teil nebeneinander bestehen, zum Teil sich ausschließen.[41] Da der Anarchismus derartig vielfältig ist, dass sich sogar die Überblickswerke widersprechen, stütze ich mich in der folgenden Darstellung vor allem auf einen Klassiker der sechziger Jahre, das Buch »Anarchismus« von Daniel Guérin.[42]

> »Anarchie ist in Wirklichkeit vor allem gleichbedeutend mit Sozialismus. Der Anarchist ist in erster Linie ein Sozialist; seine Ziele sind die Abschaffung der Ausbeutung des Menschen durch den Menschen, die Aufhebung des Staates und die Errichtung einer nichtrepressiven Gesellschaft; im Zentrum seiner

politischen Aktivität und seiner Theorie steht der sozialistische Freiheitsgedanke.«[43]

Die Forderung nach Freiheit ergibt sich aus der positiven Anthropologie des Anarchismus: Im Unterschied zum Liberalismus, der in der Tradition von Hobbes von grundsätzlich »schlechten« und egoistischen Menschen ausgeht, die deshalb eines autoritären und ordnenden Staates bedürfen, um miteinander leben zu können, geht der Anarchismus von im Grunde »guten« Menschen aus, die jedoch durch einen schlechten Staat verdorben werden und ihre guten Fähigkeiten erst wieder entfalten können, wenn sie von dem unterdrückenden Staat befreit werden.[44] Peter Kropotkin stellt den Grundgedanken des Liberalismus in Frage, indem er dessen Logik fortführt: »Wenn es richtig ist, dass Menschen Fehler haben und zu antisozialen Akten fähig sind, so ist überhaupt nicht einzusehen, dass die Menschen, die in einem Staatswesen herrschen, von solchen Fehlern frei sind.«[45] Dies sei besonders zweifelhaft, da die Menschen nicht nur durch die Unterordnung, sondern erst recht durch die Ausübung der Macht »schlecht« würden.

Dieses Menschenbild liegt allen Strömungen des Anarchismus zugrunde, ebenso wie einige Grundwerte oder Prinzipien: »individuelle Selbstbestimmung und Selbstentfaltung, soweit damit nicht die Selbstbestimmung und Selbstentfaltung anderer Menschen beeinträchtigt wird; eine dezentrale ›politische‹ Organisation der Gesellschaft ›von unten nach oben‹ (in diesem Sinne: Dezentralisierung); ökonomische Selbstverwaltung und Selbstbestimmung.«[46] Dazu müssen alle Formen von Herrschaft und ökonomischer Ausbeutung beseitigt werden. Eine schädliche Form von Herrschaft sehen die AnarchistInnen auch in der marxistischen Forderung nach Übernahme des Staates durch die Arbeiterklasse, nach einer »Diktatur des Proletariats«. Für sie ist die Form der Staatsbürokratie immanent auf Unfreiheit angelegt und grundsätzlich zu kritisieren, so dass es keinen Sinn mache, den Apparat weiterzuverwenden und nur die Herrschenden auszutauschen. Abgesehen davon existiert im Anarchismus eine Einheit von Mitteln und Zielen – die Freiheit aller Menschen kann also niemals durch eine temporäre Unterdrückung (die Herrschaft des Proletariats als Übergangsstufe zur klassenlosen Gesellschaft im Marxismus) eines Teils der Menschheit erreicht werden.

Aus der positiven Einschätzung der Menschen ergibt sich, dass »die Massen« als das revolutionäre Subjekt angesehen werden. Im Unterschied zum Marxismus verachtet der Anarchismus nicht die Ärmsten der Armen (die Marx verächtlich »Lumpenproletariat« nannte und als konterrevolutionär ansah), sondern sieht in den Außenseitern, den Opfern der staatlichen Repression die Verbündeten im Kampf gegen das unterdrückende System.

Hieraus ergibt sich die Spontaneität als wichtiger Bestandteil der Revolution; nicht eine elitäre Organisation von revolutionären DenkerInnen, sondern die breite Masse der Bevölkerung, die sich in einer bestimmten Situation spontan gegen die Herrschenden auflehnt, wird die Revolution machen. Die Kampfmethode ist die »direkte Aktion«: revolutionäre Handlungen, die jeweils vor Ort an den Missständen ansetzen. Die AnarchistInnen lehnen es also ab, eine Kaderpartei zu bilden; wie kann dann aber die Passivität der Bevölkerung überwunden werden? Daniel Guérin sieht das Problem der Vermittlung zwischen der Theorie der AnarchistInnen und der Praxis der Massen nicht gelöst.[47]

Die beiden Hauptströmungen innerhalb des Anarchismus sind der individualistische und der kollektivistische Anarchismus. Ersterer geht auf Max Stirner und sein Buch »Der Einzige und sein Eigentum« zurück; in unterschiedlichen Intensitäten gehen IndividualanarchistInnen davon aus, dass ein Zusammenleben ermöglicht wird, indem jedeR seine Freiheit auslebt, allerdings ohne dass dies auf Kosten der anderen Menschen geschieht.

Der kollektivistische Anarchismus, auch als libertärer Kommunismus bezeichnet, unterstützt eine basisdemokratische Organisierung, die ihre Gruppen entweder im Betrieb (Syndikalismus) oder in der Nachbarschaft (Kommunalismus) organisiert. Diese Basis- oder Rätedemokratie unterscheidet sich von der repräsentativen Demokratie dadurch, dass alle Entscheidungen in freier Diskussion getroffen werden, die Delegierten Rücksprache mit ihrer Gruppe halten müssen, bevor sie in der nächsthöheren Ebene einen Beschluss treffen, und außerdem jederzeit wieder abrufbar sind (imperatives Mandat). Die Konsequenz dieser Demokratieform ist, dass jedeR einzelne Mitverantwortung an den Beschlüssen trägt und Missstände nicht dem Fehlverhalten der RepräsentantInnen anlasten kann. Die Räte beschäftigen sich nicht nur mit den politischen, sondern auch den wirtschaftlichen Belangen; die Wirtschaft wird sozialisiert, d.h. in die Hände der ArbeiterInnen übergeben, die ihre Betriebe selbst leiten und über Produktion und Distribution entscheiden.[48]

Anarchie bedeutet also keineswegs Chaos, Unordnung oder Disziplinlosigkeit; es handelt sich lediglich um eine andere Form der Ordnung. Zu der Definition von Ordnung oder Chaos sagt Clara Thalmann, Anarchistin und ehemalige Kämpferin im Spanischen Bürgerkrieg:

»Es wird immer gesagt: Anarchie – das ist das Chaos, nach der bürgerlichen Auffassung ist Anarchie Chaos. Und ich sage: heute leben wir im Chaos – diese reiche Welt, wo nur der Profit regiert, und auf der anderen Seite werden Menschen verhungern [ge]lassen.
Die Anarchisten wollen eine Welt, wo der Mensch nicht mehr vom Menschen ausgenutzt wird, [...] [e]ine total freie Gesellschaft, die von unten und von allen Menschen aufgebaut wird. Und da ist viel mehr Ordnung im besten Sinne, mehr Menschlichkeit.«[49]

Darüber, wie der Übergang von der bestehenden zu einer freien Gesellschaft gestaltet werden soll, besteht keine einheitliche Meinung. Die wohl bekanntesten AnarchistInnen der Geschichte, die russischen Sozialrevolutionäre in der zweiten Hälfte des 19. Jahrhunderts, suchten eine Lösung in individuellen Terrorakten gegen bekannte Personen des zaristischen Regimes: Dadurch sollten die Massen aus ihrer Lethargie gerissen werden; sie sollten sehen, dass das System nicht unverwundbar ist, und so Vertrauen in ihre eigene Macht bekommen. Die russischen AnarchistInnen waren VoluntaristInnen, d.h. sie waren überzeugt, dass es nicht bestimmter gesellschaftlicher Situationen, sondern nur des Willens einer revolutionären Gruppe bedarf, um eine Revolution zu entfachen.

Dass Gewalt hilft, die derzeitige Staatsform zu überwinden, ist aber nur die Ansicht eines Teils der AnarchistInnen. Mehrere Strömungen des Anarchismus sind vielmehr gegen jegliche Gewalt und befürworten eine gewaltfreie Transformation des Gesellschaftssystems, einige sind sogar nicht einmal der Meinung, es bedürfe einer Revolution, sondern sehen die neue Gesellschaft durch schrittweise Reformen entstehen. Diese Ansicht steht im Einklang mit dem anarchistischen Postulat der Einheit von Mitteln und Zielen: Eine friedliche Gesellschaft kann nicht durch eine gewaltsame Umwälzung erreicht werden, sondern zum Beispiel durch den Aufbau von Netzwerken, die den Staat gewaltlos transformieren.[50]

AnarchistInnen sind InternationalistInnen; sie fordern nicht nur die gleiche Freiheit für alle Menschen, sondern sehen auch keine Notwendigkeit für die Aufrechterhaltung von Staatsgrenzen und den Gedanken der Nation. Da die staatliche Bürokratie in einer anarchistischen Gesellschaft nicht mehr existiert, muss sie auch nicht auf eine feste Gruppe von StaatsbürgerInnen bezogen werden.

Zum Abschluss der Darstellung der anarchistischen Theorien möchte ich noch auf die Position zum Feminismus eingehen. Als »Väter des Anarchismus« werden Pierre-Joseph Proudhon (1809-1865) und Michail Bakunin

(1814-1876) bezeichnet, die in der »Frauenfrage« entgegengesetzte Meinungen haben. Nach Proudhon sind Frauen körperlich, intellektuell und moralisch minderwertig im Vergleich zu den Männern; aus ihrer biologischen Konstitution ergebe sich ihre Hauptaufgabe, die Mutterschaft. Im Gegensatz dazu trat Bakunin für die Gleichberechtigung der Geschlechter ein, indem er gleiche Rechten und Pflichten für Frauen und Männer forderte.

Antje Schrupp kritisiert, wie wenig Konsequenzen bisher aus dem Antifeminismus Proudhons gezogen wurden:

> »Die völlig gegensätzliche Haltung zum Beispiel von Proudhon und Bakunin zu ›Frauen‹ ist noch kein Anlass, darüber nachzudenken, ob dieser Befund nicht zu einer Modifizierung der bisher üblichen Annahme einer gemeinsamen Traditionslinie der beiden politischen Denker führen müsste – so als ob manche Leute eben zufällig Feministen und andere zufällig Antifeministen seien, ohne dass sich das auf ihr übriges politisches Denken im geringsten auswirken würde.«[51]

Sie ist der Meinung, dass eine Theorie nicht als libertär bezeichnet werden kann, wenn sie einen bestimmten Teil der Gesellschaft – in Proudhons Fall die Frauen – von der Freiheit ausschließen möchte. Nach Bakunin ist es Anspruch des Anarchismus, die postulierte Freiheit auf alle Menschen, unabhängig von Geschlecht, Nation, Klasse oder Überzeugungen, zu beziehen; die Konsequenz daraus formuliert Emma Goldman:

> »[...] es ist sicher, dass es keine wahre Emanzipation geben kann, während die Vorherrschaft eines Individuums über ein anderes oder die einer Klasse über eine andere weiterbesteht. Und viel weniger Realität wird die Emanzipation der menschlichen Rasse haben, während ein Geschlecht das andere unterdrückt.«[52]

Praxis

Während in den anderen europäischen Ländern die im 19. Jahrhundert entstehende Arbeiterbewegung überwiegend marxistisch war, ging die spanische einen Sonderweg: Hier dominierte seit Ende der 60er Jahre des 19. Jahrhunderts der Anarchismus.

Der erste Kontakt der spanischen Arbeiterbewegung mit dem Anarchismus kann sehr genau angegeben werden: Im November 1868 reiste der italienische Anarchist Giuseppe Fanelli durch Spanien, um die Theorie Bakunins zu verbreiten. Seine Vorträge wurden mit Begeisterung aufgenommen, da die Hoffnungen sowohl der LandarbeiterInnen als auch der städtischen ArbeiterInnen durch die Entwicklung der sogenannten Glorreichen Revolution, in der im September 1868 Königin Isabella II. gestürzt wurde, enttäuscht worden waren. Die einfache Bevölkerung sah, dass sie weder die gleichen Interessen wie das Kleinbürgertum hatte noch einen Vorteil eines Regierungswechsels, da auch die liberale Regierung einen repressiven Charakter annahm.[53] Aus dieser Erfahrung resultierte auch das Misstrauen der spanischen Arbeiterbewegung gegenüber Wahlen. Es entwickelten sich rasch zwei Strömungen des Anarchismus: im ländlichen Süden der »wilde Anarchismus« der verarmten Tagelöhner, deren Hass auf die Großgrundbesitzer sich immer wieder in kurzlebigen, blutigen Aufständen entladen hatte und die nun »eine ideologische Basis und eine feste organisatorische Struktur« erhielten.[54] Im industrialisierten Norden, vor allem in Katalonien, entstand eine Vorstufe des Anarchosyndikalismus, der im ersten Jahrzehnt des 20. Jahrhunderts institutionalisiert wurde: 1907 wurde in Barcelona die Federación Barcelona de Solidaridad Obrera (Föderation der Arbeitersolidarität Barcelona) gegründet, 1908 die Federación Catalana de Solidaridad Obrera (katalanische Föderation der Arbeitersolidarität); im Oktober 1910 schließlich wurde die landesweite Gewerkschaft Confederación Nacional del Trabajo, CNT, (Nationaler Arbeitsbund) ins Leben gerufen.

> »Its organizational structure, as well as its ideology, combined revolutionary syndicalism with anarchist communism, establishing a strong revolutionary base for the movement over the course of the next thirty years.«55

Hans Magnus Enzensberger nennt die CNT die »einzige revolutionäre Gewerkschaft der Welt«.[56] Sie schloss keine Tarifverträge ab, sondern erkannte die Verbesserungen, die sie im Arbeitskampf – häufig mit Generalstreiks – erreichte, immer nur de facto an; auf ihrem Gründungskongress wurde eine Resolution verabschiedet, »derzufolge der Generalstreik nicht für beschränkte Reformen, sondern nur als Waffe zur Herbeiführung einer neuen Wirtschafts- und Gesellschaftsordnung eingesetzt werden dürfe.«[57] Anders als übliche Gewerkschaften bezahlte sie keine Funktionäre, sondern führende Personen arbeiteten entweder selbst im Betrieb oder wurden von den Basisgruppen unterstützt. »Die für den Syndikalismus wesentlichen Postulate waren der Föderalismus, der nur-gewerkschaftliche Kampf und die ausschließliche Methode der im revolutionären Generalstreik kulminierenden ›direkten Aktion‹.«[58]

Als konspirativer Gegenpart zur legalen Massenorganisation CNT wurde am 24.7.1927 die Federación Anarquista Ibérica, FAI, (Iberischer Anarchistischer Bund[59]) gegründet. Während die CNT beschloss, zum Sturz der Diktatur mit republikanischen Parteien zusammenzuarbeiten, sollte die FAI das Ziel der »Reinerhaltung der Lehre Bakunins« haben.[60] Sie entstand als geheimer Bund und gab ihre Existenz erst zwischen 1929 und 1931 öffentlich bekannt; aufgebaut war sie aus kleinen, völlig autonomen Gruppen – AnarchistInnen, die von der reformistischen Ausrichtung der CNT enttäuscht waren, die radikalen Kräfte um sich sammelten und jeden Tag mit der Revolution rechneten.[61] Ihre revolutionäre Methode übernahmen sie von dem italienischen Anarchisten Errico Malatesta: einzelne Dörfer erobern, von den lokalen Herrschenden befreien und die Bevölkerung zur Selbstorganisierung auffordern.[62] Dass die FAI (wie auch Bakunin) die Nichtteilnahme an Wahlen nicht als Dogma, sondern als pragmatische Frage sah, lässt sich daraus schließen, dass sie bei der Volksfrontwahl im Februar 1936 zum ersten Mal auf einen Aufruf zum Wahlboykott verzichtete. Die Volksfront hatte sich unter der Forderung zusammengefunden, dass die Aufständischen von 1934 Amnestie erhielten, die entlassenen ArbeiterInnen wieder eingestellt würden mit einer Entschädigung für den Lohnausfall, und nicht zuletzt sollten die 30.000 Gefangenen befreit werden.

Die ersten spanischen AnarchistInnen suchten sofort den Kontakt zu internationalen Zusammenschlüssen der Arbeiterbewegung. Sie traten 1870 der Ersten Internationale (Internationale Arbeiter-Assoziation) bei, die 1864 auf Anregung von Karl Marx gegründet worden war und 1872 an Differenzen zwischen diesem und Michail Bakunin scheiterte. Im Unterschied zu den nachfolgenden Internationalen war die Erste eher anarchistisch als marxistisch dominiert, zum Beispiel wurde das Konzept der Selbstverwaltung vor dem Staatsmodell bevorzugt. Die spanische Organisation, die sich der Internationale anschloss, wurde im Juni 1870 in Barcelona konzipiert und in den darauffolgenden Kongressen in Valencia (September 1971), Zaragoza (April 1872) und Córdoba (Dezember 1872/Januar 1873) ratifiziert; ihr Name war Federación de la Región Española, FRE, (Spanische Regionalföderation) – Regionalföderation deshalb, weil die InternationalistInnen ihre jeweiligen Länder nicht als etwas Abgeschlossenes, als Nation sahen, sondern als Teil der Welt, als Region im internationalen Ganzen.[63]

Die spanischen AnarchistInnen waren nach 1917 zunächst von der Russischen Revolution begeistert; 1919 schloss sich die CNT der neugegründeten Dritten Internationale (Komintern oder Kommunistische Internationale) und 1921 der »Roten Gewerkschafts-Internationale« an. Die 21 Aufnahmebedingungen der Dritten Internationale (unter anderem die Anerkennung der Vorherrschaft der KPdSU) und die sowjetische Niederschlagung des linken Matrosenaufstands von Kronstadt führten jedoch dazu, dass sich die meisten syndikalistischen Organisationen von der Sowjetunion lossagten und Ende 1922 die anarchistische Internationale gründeten. Diese wurde in Anlehnung an die Erste Internationale und deren Bakunin-Fraktion »Internationale Arbeiter-Assoziation« (IAA) genannt:

> »Der neuen IAA fällt die Aufgabe zu, das Werk der Ersten Internationale ... weiter zu führen zum endgültigen Sturz von Staat und Lohnherrschaft, zur Errichtung einer freien, staatenlosen Gesellschaft.«[64]

Auf dem Gründungskongress waren Landesorganisationen aus Argentinien, Chile, Dänemark, Deutschland, Holland, Italien, Mexiko, Norwegen, Portugal und Schweden anwesend; 1923 trat dann auch die CNT ein.

Wie standen die spanischen AnarchistInnen zur Befreiung der Frau? Auf dem Kongress in Zaragoza 1872 sprach sich die FRE für die Emanzipation der Frau und deren Gleichberechtigung aus, und auf einem Kongress in der gleichen Stadt, 64 Jahre später (im Mai 1936), nahm auch die CNT die Forderung nach vollständiger Gleichheit der Rechte und Pflichten von Frauen und Männern in ihr Programm auf. Doch trotz der theoretischen Forderungen engagierten sich die AnarchistInnen nicht sehr für die Gleichberechtigung der Frauen; dies lag daran, dass reformistische Schritte wie die Ausweitung des Wahlrechts auf Frauen für die männlichen Anarchisten nicht erstrebenswert schienen, da sie selber auch nicht an Wahlen partizipierten. Obwohl die anarchistischen Organisationen viele weibliche Mitglieder hatten, schafften es kaum welche in die höheren Positionen.

Feminismus

Ähnlich wie der Begriff Anarchismus ist auch der Feminismus sehr vorurteilsbehaftet; am liebsten verstehen Gegner – meist männlichen Geschlechts – Feministinnen als Männerhasserinnen, die die Welt so verändern möchten, dass jetzt mal die Männer unterdrückt werden. Sicher gibt es auch solch eine Fraktion unter den FeministInnen[65], die meisten FeministInnen haben jedoch andere Ziele. Anders als beim Anarchismus führt beim Feminismus das verbindende Element – »Feminismus« als Sich-für-die-Frauen-Einsetzen – nicht zu einem Konsens an Grundüberzeugungen, deshalb stelle ich hier keine »Theorie« des Feminismus vor, sondern gebe einen Überblick über die verschiedenen feministischen Strömungen, die vor 1936 aktiv gewesen waren.

Frauenwahlrechtsbewegung

Es gab zwar schon seit dem 15. Jahrhundert die ersten Bestrebungen, die Situation der Frauen zu verbessern, doch erst mit der Französischen Revolution begannen die Frauen, kollektiv für ihre Rechte einzutreten. 1791 veröffentlichte die französische Schriftstellerin Olympe de Gouges das Pendant zu den Menschen- und Bürgerrechten, die die Hälfte der Menschheit ausgeschlossen hatten: die »Deklaration der Frauen- und Bürgerinnenrechte«. Ihre Forderungen – Freiheit, Besitz, Zugang zu öffentlichen Ämtern ebenso wie Rechte im privaten Bereich wie die Zurückweisung der doppelten Moral, die Gleichstellung der Ehepartner und von legitimen und illegitimen Kindern – wurden jedoch erst wieder Mitte des 20. Jahrhunderts aufgegriffen.[66] Mitte des 19. Jahrhunderts entstand in den USA die erste kollektive feministische Bewegung, die aus mittelständischen Frauen bestand und sich für das Frauenwahlrecht (Sufragettenbewegung) einsetzte. Viele dieser Frauen hatten sich zunächst in der Bewegung zur Abschaffung der Sklaverei engagiert, bis sie Parallelen in der Situation der schwarzen Sklaven und ihrer eigenen Situation als Frauen entdeckten.[67]

Dass die Feministinnen in den USA Gleichberechtigung der Geschlechter vor allem im Frauenwahlrecht verwirklicht sahen, war von der speziellen Situation der USA beeinflusst: Im Land der unbegrenzten Möglichkeiten (für den weißen Mann) war das Wahlrecht ein Zeichen der Freiheit und wurde von den Männern, auch denen der Arbeiterklasse, tatsächlich genutzt. Die Frauenwahlrechtsbewegung verinnerlichte den Glauben an liberale und demokratische Prinzipien.

Spanien: bürgerlicher und katholischer Feminismus

Ganz anders entwickelte sich der Feminismus in Spanien, wo die restaurierte Monarchie (1875-1923) und die Diktatur (1923-1930) das Wahlrecht zu einer Farce verkommen ließen. Da die wahlberechtigten Männer keinen Glauben in das politische System hatten, war dieses Recht auch für die Frauen nichts Erstrebenswertes; »[d]as korrupte und ineffektive politische System führte dazu, der Politik als einem gangbaren Weg zum sozialen Fortschritt zu misstrauen.«[68]

Eine Verbesserung der Situation der Frauen wurde mehr auf sozialem als auf politischem Wege gesucht, meistens, ohne die traditionellen Grenzen der Rolle der Frau zu durchbrechen. Eine Ausnahme stellt eine der ersten spanischen Feministinnen dar, Concepción Arenal (1820-1893), die öffentlich die verbreitete Annahme der physischen, intellektuellen und moralischen Unterlegenheit von Frauen angriff. Auf das Vorurteil, Frauen seien rein biologisch weniger intelligent als Männer, antwortete sie in einer Zeitschrift, dass der geistige und kulturelle Erfolg eines Menschen nicht von biologischen, sondern gesellschaftlichen Faktoren abhänge.[69] Als Humanistin und liberale Reformerin setzte sie sich für Bildung als gesellschaftliches Recht, soziale Gerechtigkeit und Freiheit ein und veröffentlichte mehrere Schriften, in denen sie die Situation der spanischen Frau analysierte und kritisierte.[70]

Dabei wollte sie nie das Gesellschaftssystem ändern, doch schon mit ihrem fortschrittlichen Frauenbild stand sie – in der zweiten Hälfte des 19. Jahrhunderts – relativ allein; verbreiteter war das konservative Frauenbild, das der katholische und der nationalistische Feminismus propagierten.

María de Echarri (1878-1955) war eine der Hauptvertreterinnen der katholischen Frauenbewegung, deren Ziele nicht die typische Frauenrolle sprengten, sondern eine Verbesserung ihrer Allgemeinbildung und beruflichen Ausbildung beinhalteten, damit die Frau ihre Rolle als Hausfrau und Mutter besser erfüllen könne. Gesellschaftlich sollten die Frauen zu einer Harmonie der Klassen beitragen (die oberen Klassen sollten die unteren schützen und diese die oberen respektieren), damit der »gottlose« Sozialismus nicht um sich greifen könne. Obwohl die katholische Frauenbewegung die Unterlegenheit der Frau nie in Frage stellte, gelang es ihr, für Frauen – vor allem der Oberschicht – kulturelle und soziale Handlungsräume außerhalb des Hauses zu schaffen.[71]

Ähnlich waren auch die Ziele der nationalistischen Frauenbewegungen des Baskenlandes und Kataloniens. Für Katalonien engagierte sich vor allem Dolors Monserdà (1845-1919), die einerseits für die Bürgerrechte der Frauen kämpfte und andererseits für die Mittel, die es der Frau erleichterten, ihre traditionelle Rolle in der Familie und der Gesellschaft zu erfüllen. Wie die katholische bekämpfte auch die nationalistische Frauenbewegung den Sozialismus; neben der Aufrechterhaltung der katholischen Werte kam hier noch die Bewahrung der katalanischen Identität hinzu.[72]

1919 wurde die erste feministische Vereinigung gegründet, die Asociación Nacional de Mujeres Españoles, ANME (Nationaler Verein der Spanischen Frauen). Die Gründerinnen waren Frauen, die sich schon vorher für die Emanzipation der Frauen eingesetzt hatten, zum Beispiel in Zeitschriften. Die Forderungen des Gründungsprogramms[73] haben eine ähnliche Basis wie die nationalistische und die katholische Frauenbewegung: das Christentum und die Nation. Punkt 34 des »politisch-sozialen Teils« des

Programms zum Beispiel fordert eine Grundbildung für Dienstmädchen, da es eines der »schönsten Werke des Christentums« sei, die Unwissenden zu lehren, und Punkt 1 betont, dass die Vereinigung gegen alle Bestrebungen, die territoriale Integrität der spanischen Nation anzugreifen, vorgehen wird. Darüber hinausgehende Forderungen beziehen sich auf eine Angleichung der Arbeitsmöglichkeiten und die juristische Gleichberechtigung der Frau; solche Forderungen sind die Zulassung zum öffentlichen Dienst (Punkt 4 und 5) und als Geschworene, vor allem wenn Frauen Täterinnen oder Opfer sind (Punkt 8), Gleichberechtigung in der Ehe, zum Beispiel gleiches Sorgerecht von Mutter und Vater für die Kinder (Punkt 10), gleiche Verfügungsgewalt über den Verdienst des Mannes wie er über ihren Verdienst (Punkt 11), Abschaffung der Vormundschaft des Mannes über seine Frau vor Gericht (Punkt 12). Die Gesetze zum Ehebruch sollen für beide Geschlechter gleich sein (Punkt 14), und zum Schutz der Frau soll regelmäßige Trunkenheit in der Ehe bestraft und als Scheidungsgrund akzeptiert werden (Punkt 17), ebenso wie die Misshandlung der Frau geahndet werden soll[74] (Punkt 18). Daneben werden noch pädagogische Titel für Lehrerinnen (Punkt 24) und der Zugang von Frauen zum Medizinstudium (Punkt 25) gefordert.

Aus diesem Rahmen fällt die Forderung Nr. 21 heraus, in der die Aufhebung der Gesetzgebung zur Prostitution gefordert wird. Mir ist zwar nicht bekannt, wie diese 1919 genau aussah, da jedoch alle Gesetze, die vor dem Bürgerkrieg zur Prostitution erlassen wurden, sich gegen die Prostituierten und nicht gegen die Institution der Prostitution wandten, ist diese Forderung der ANME sehr fortschrittlich.

Während im Gründungsprogramm der ANME das Wahlrecht nicht erwähnt wird, stellte ab 1924 die neue Leiterin diese Forderung in den Mittelpunkt, doch der Kampf für das Frauenwahlrecht erreichte in Spanien nie eine so große Anhängerschaft wie in Großbritannien und den USA.[75] Diese Zurückhaltung der spanischen Feministinnen fasst Carmen Alcalde ironisierend zusammen:

> »[...] wir, die spanischen Feministinnen von 1920, strengen uns weiterhin an, den Männern, den Regierenden und den juwelenbehangenen Damen zu erklären, dass sie keine Angst vor uns haben müssen; dass wir nichts wollen, oder fast nichts. Nur ein kleines bisschen mehr Kultur und ein kleines bisschen mehr Unabhängigkeit.«[76]

Sozialrevolutionäre Feministinnen

In den bisher vorgestellten Formen des Feminismus wird die Unterdrückung der Frau als schlechtes Phänomen innerhalb einer guten Gesellschafts- und Staatsform gesehen, weshalb die Forderungen darauf abzielen, den Frauen ähnliche oder sogar gleiche Möglichkeiten wie den Männern zu eröffnen. Im 19. Jahrhundert gab es jedoch auch Frauen, die den gesellschaftlichen Sexismus in einem weitergefassten Rahmen bekämpften; sie sahen die Ursache der Unterdrückung sowohl der Frauen als auch anderer Gesellschaftsgruppen in der Staatsform. Da die Begriffe »Feministin« und »Feminismus« bereits mit den bürgerlichen Forderungen nach Wahlrecht oder Verbesserung der gesellschaftlichen Stellung der Frauen besetzt waren, bezeichneten sich diese Frauen nicht damit, sondern sahen sich mehr als Revolutionärinnen für die Befreiung der Arbeiterklasse.

Einige dieser Frauen erscheinen mir so beispielhaft, dass ich sie im folgenden kurz darstellen möchte. Es ist möglich, dass ihr Leben und Wirken die spanischen Anarchistinnen beeinflusste, obwohl ich nicht weiß, wie bekannt sie damals waren. Zumindest eine von ihnen, Louise Michel, wurde von den französisch-belgischen KämpferInnen der Internationalen Brigaden geehrt, indem sie ein Bataillon nach ihr benannten.[77] Doch alle sind, trotz ihrer Aktivitäten, nicht in gleicher Weise wie die mit ihnen kämpfenden Männer in die Geschichte eingegangen.

Flora Tristan (1803-1844) entschloss sich, gegen die doppelte Unterdrückung der Arbeiterinnen – als Angehörige der Arbeiterklasse und als Frauen – zu kämpfen. Als eine der ersten vereinte sie Feminismus und Sozialismus, wobei sie in ihren Aktivitäten mehr Gewicht auf die Befreiung der Arbeiterklasse legte. 1843 schrieb sie das Buch »Union Ouvrière« (Arbeiterunion) und gründete in Paris die erste Union der Arbeiterklasse, zu der sowohl Frauen als auch Männer Zugang hatten. Bis zu ihrem Tod reiste sie mit ihrem Buch durch Frankreich und forderte die ArbeiterInnen auf, sich als Proletariat zusammenzuschließen und zu organisieren.[78] Obwohl sie vor Karl Marx und Friedrich Engels die Idee des allgemeinen Zusammenschlusses aller ArbeiterInnen propagierte und als Vorkämpferin der Internationalen Arbeiter-Assoziation gelten kann,[79] wurde ihre Arbeit weder von Marx und Engels (außer einer Erwähnung als Autorin des Buches »Arbeiterunion«) noch von den meisten HistorikerInnen gewürdigt.

Die anderen Frauen, die durch die Verbindung von Feminismus und Sozialismus[80] als Vorläuferinnen der Mujeres Libres gelten können, waren in der Ersten Internationale oder zur Zeit ihres Bestehens aktiv. Louise Michel (1830-1905) kämpfte in der Pariser Kommune im 61. Bataillon auf der Seite der RevolutionärInnen, wofür sie mit Zuchthaus und fünf Jahren Deportation bestraft wurde. Später engagierte sie sich in Diskussionsclubs. Carmen Alcalde kritisiert, dass Louise Michel neben ihren politischen revolutionären Forderungen sich nicht stärker für die Befreiung der Frauen einsetzte, sondern davon ausging, dass diese sich nach der Revolution automatisch vollziehen würde.[81]

Auch die vier in der Ersten Internationale aktiven Frauen, die Antje Schrupp in ihrer Untersuchung vorstellt, – Virginie Barbet (Lebensdaten unbekannt), Elisabeth Dmitrieff (1850-1918), André Léo (1824-1900) und Victoria Woodhull (1838-1927) – entschieden sich für ein vorwiegend sozialistisches Engagement, als sie vor die Wahl zwischen Feminismus (klassenübergreifende Loyalität mit den Geschlechtsgenossinnen) und Sozialismus (Loyalität mit der Arbeiterklasse) gestellt wurden. Dass es überhaupt zu einer Entscheidung zwischen den beiden Emanzipationstheorien kam, sehen Historikerinnen im Aufkommen des sogenannten wissenschaftlichen Sozialismus (von Marx und Engels erarbeitet) begründet: Indem die »Klasse« die zentrale Kategorie der Gesellschaftsanalyse wurde, verloren die anderen Formen von Unterdrückung ihre Bedeutung, und feministisches Engagement galt als Spaltung der Klasseneinheit. »Socialism lost its feminist component; mainstream feminism lost its concern with class and ›collectivity‹«.[82] Während bei den FrühsozialistInnen der 30er Jahre des 19. Jahrhunderts die Forderung nach dem Frauenwahlrecht »im allgemeinen Interesse der menschlichen Gesellschaft« lag, wurde sie dreißig Jahre später zu »einer Verteidigung des spezifischen Interesses von Frauen«.[83]

Wie die Mujeres Libres mehr als ein halbes Jahrhundert später hatten diese Frauen sowohl mit (nicht-revolutionären) Feministinnen als auch mit der Arbeiterbewegung Differenzen, woraus sie allerdings nicht die Konsequenz zogen, sich zu einer eigenen Bewegung mit gleichgesinnten feministischen Revolutionärinnen zusammenzuschließen.

Anmerkungen

1 Walther L. Bernecker: Krieg in Spanien 1936-1939. Wissenschaftliche Buchgesellschaft, Darmstadt 1991, S. 7; Hans Magnus Enzensberger: Der kurze Sommer der Anarchie. Buenaventura Durrutis Leben und Tod. Suhrkamp, Frankfurt/Main 1977 (1972), S. 28.

2 Walther L. Bernecker: Spaniens Geschichte seit dem Bürgerkrieg. Beck, München 19973 (1984), S. 16.

3 Ebenda, S. 26.

4 Walther L. Bernecker: Krieg in Spanien, S. 17.

5 Die Erste spanische Republik ging von 1873 bis 1874.

6 Mujeres, 2. Epoche, Nr. 1, Oktober 1938, 14. Seite.

7 Victoria Kent (Radikalsozialistische Partei) und Margarita Nelken (Sozialistische Partei) waren dagegen, im Unterschied zu Clara Campoamor (Radikale Partei). Siehe Mary Nash: Rojas, S. 80. Hier möchte ich noch darauf hinweisen, dass die Spanierinnen zuerst das passive und dann das aktive Wahlrecht erhielten; deshalb konnte es zu der seltsamen Situation kommen, dass drei Frauen (die ja nicht wahlberechtigt waren) ins Parlament gewählt wurden, wo sie dann über das aktive Frauenwahlrecht mitentschieden.

8 Das Recht auf Abtreibung erhielten die Frauen erst während des Bürgerkriegs; es wurde auf Druck der anarchistischen Regierungsmitglieder im Februar 1937 beschlossen. Siehe Sabine Behn/Monika Mommertz: Wir kämpfen für Spanien. Frauen im antifaschistischen Widerstand und in der sozialen Revolution während des Bürgerkriegs 1936-1939. In: Die ungeschriebene Geschichte. Historische Frauenforschung – Dokumentation des 5. Historikerinnentreffens in Wien vom 16.-19.4.1984. Wien 1984 (S. 102-112), S. 109.

9 Walther L. Bernecker: Krieg in Spanien, S. 15.

10 Robert W. Kern: Red Years – Black Years. A Political History of Spanish Anarchism, 1911-1937. Institute for the Study of Human Issues (ISHI), Philadelphia 1978, S. 117.

11 Anfang 1936 waren noch 30.000 Linke im Gefängnis. Siehe Gaston Leval: Das libertäre Spanien, S. 349. Nach der Erstürmung von Gefängnissen in ganz Spanien durch Massenkundgebungen erklärte die Volksfrontregierung die offizielle Amnestie der Gefangenen. Siehe Pierre Broué/Émile Témime: Revolution und Krieg in Spanien, S. 95.

12 Wenn auch falsch geschrieben, benutzt Carmen Alcalde die drei deutschen Wörter. Carmen Alcalde: La mujer en la Guerra Civil española. Ed. Cambio 16, Madrid 1976, S. 31.

13 Shirley Mangini González: Memories of Resistance: Women's Voices from the Spanish Civil War. Yale University Press, New Haven & London 1995, S. 4.

14 Mary Nash: Rojas, S. 52.

15 Temma Kaplan: Frauen und der Spanische Anarchismus. In: Cornelia Krasser/Jürgen Schmück (Hg.): Frauen in der Spanischen Revolution 1936-1939. Libertad, Berlin 1984 (S. 8-31), S. 8.

16 Ebenda, S. 13.

17 Martha A. Ackelsberg: Free Women of Spain. Anarchism and the Struggle for the Emancipation of Women. Indiana University Press, Bloomington 1991, S. 169.

18 Mary Nash: Rojas, S. 40.

19 Ebenda, S. 41.

20 Shirley Mangini: Women's Voices, S. 14.

21 Ebenda, S. 5.

22 In: Cornelia Krasser/Jochen Schmück (Hg.): Frauen in der Spanischen Revolution 1936-1939. Libertad, Berlin 1984, S. 99 Anm.2 (Zahlen nach Condesa de Campo Alange: La mujer en España: Cien años de su historia, 1860-1960. Madrid 1964, S. 357). Für 1930 nennt Mary Nash etwas andere Prozentsätze, nämlich 26,67 % im primären, 31,82 % im sekundären und 41,51 % im tertiären Sektor. (Mary Nash: Rojas, S. 62) Da es

mir nur um einen ungefähren Eindruck geht, bin ich diesen Unterschieden nicht weiter nachgegangen.

23 Dabei wird die Arbeit über einen Vermittler, der die Stücklöhne mit dem Arbeitgeber aushandelt, an Zeitarbeitskräfte verteilt.

24 Temma Kaplan: Frauen und der Spanische Anarchismus, S. 15.

25 In: Cornelia Krasser/Jochen Schmück (Hg.): Frauen in der Spanischen Revolution, S. 100 Anm.7 (Angaben nach Carlos Seco Serrano (Hg.): Actas de las consejas y cómision federal de la región española 1870-1874. Barcelona 1969 und Albert Balcells: Conditions laborals de l'obrera a la indústria catalana. Barcelona 1972).

26 Temma Kaplan: Frauen und der Spanische Anarchismus, S. 16.

27 Jacqueline Heinen: Spanien 1936-1938 – die Frauen im Bürgerkrieg. In: Heinen, Jacqueline/Hald, Alix/Mahaim, Annik: Frauen und Arbeiterbewegung. Frankfurt/M. 1984 (S. 127-223), S. 130.

28 Mary Nash: Rojas, S. 31.

29 Ebenda, S. 63.

30 Martha A. Ackelsberg: Free Women, S. 51.

31 Antje Schrupp: Nicht Marxistin und auch nicht Anarchistin. Frauen in der Ersten Internationale. Ulrike Helmer, Königstein/Taunus 1999, S. 126.

32 Martha A. Ackelsberg: Free Women, S. 50.

33 Jacqueline Heinen: Spanien 1936-1938, S. 129.

34 Martha A. Ackelsberg: Free Women, S. 171.

35 Temma Kaplan: Conciencia femenina y acción colectiva, S. 274, 292ff.

36 Ebenda, S. 277.

37 »Gobernador« heißt übersetzt »Gouverneur«; ich bin jedoch nicht sicher, ob dieses Wort den Funktionen entspricht, die diese Person Anfang des 20. Jahrhunderts in Barcelona hatte.

38 Temma Kaplan: Conciencia femenina y acción colectiva, S. 285.

39 Zitiert in: Ebenda, S. 287.

40 Ebenda, S. 295.

41 Hans Diefenbacher weist darauf hin, dass in manchen anarchistischen Publikationen versucht wird, andere Richtungen als nicht-anarchistisch zu entlarven und aus der Bewegung auszuschließen. Hans Diefenbacher (Hg.): Anarchismus. Zur Geschichte und Idee der herrschaftsfreien Gesellschaft. Wissenschaftliche Buchgesellschaft, Darmstadt 1996, S. 9/10.

42 Daniel Guérin: Anarchismus. Begriff und Praxis. Suhrkamp, Frankfurt/Main 1967 (Paris 1965).

43 Daniel Guérin: Anarchismus, S. 12.

44 Rolf Cantzen: Weniger Staat – mehr Gesellschaft. Freiheit – Ökologie – Anarchismus. Trotzdem Verlag, Grafenau 19973, S. 16-20.

45 Ulrich Ratsch: Vom guten und vom bösen Menschen. Der »wissenschaftliche Anarchismus« von Peter Kropotkin. In: Hans Diefenbacher (Hg.): Anarchismus. (S. 52-67), S. 58.

46 Rolf Cantzen: Weniger Staat, S. 30.

47 Daniel Guérin: Anarchismus, S. 34-36.

48 Im Unterschied zu dieser anarchosyndikalistischen Variante, der ArbeiterInnenselbstverwaltung, gehen im Kommunalismus die Produktionsmittel nicht in den Besitz der ArbeiterInnen, sondern der Kommune über, so dass die BürgerInnen dort die Entscheidungen treffen und die ArbeiterInnen nur die inneren Angelegenheiten ihres Betriebes allein regeln. Graswurzelrevolution (Hg.): Gewaltfreier Anarchismus. Herausforderungen und Perspektiven zur Jahrhundertwende. Verlag Graswurzelrevolution, Heidelberg 1999, S. 94.

49 Clara Thalmann in: Karin Buselmeier: Interview mit Clara Thalmann. In: dies.: Frauen in der spanischen Revolution. In: Mamas Pfirsiche – Frauen und Literatur, Bd. 9/10. Münster, Herbst 1978 (S. 13-46), S. 39.

50 Zur Theorie des gewaltfreien Anarchismus: siehe Graswurzelrevolution (Hg.): Gewaltfreier Anarchismus.

51 Antje Schrupp: Nicht Marxistin, S. 14/15.

52 In: Mujeres Libres Nr. 6, 21. Woche der Revolution, S. 8.

53 César M. Lorenzo: Los anarquistas españoles y el poder, 1868-1969. Ruedo Ibérico, Paris 1972, S. 9f.

54 Hans Magnus Enzensberger: Der kurze Sommer der Anarchie, S. 30.

55 Martha A. Ackelsberg: Free Women, S. 51.

56 Hans Magnus Enzensberger: Der kurze Sommer der Anarchie, S. 32.

57 Walther L. Bernecker: »Reiner« oder »syndikalistischer« Anarchismus? Zum Spannungsverhältnis libertärer Organisationen in Spanien. In: Bochumer Archiv für die Geschichte des Widerstands und der Arbeit Band 8, 1987 (S. 13-32), S. 15.

58 Ebenda.

59 Im Zentralkomitee der FAI saßen auch portugiesische Delegierte, daher steht »iberisch« und nicht »spanisch« im Namen.

60 Walther L. Bernecker: »Reiner« oder »syndikalistischer« Anarchismus, S. 16.

61 César M. Lorenzo: Los anarquistas, S. 54.

62 Pierre Broué/Émile Témime: Revolution und Krieg in Spanien, S. 66.

63 César M. Lorenzo: Los anarquistas, S. 11f.

64 Der Syndikalist Nr. 1, 5. Jahrgang, 1923 (Organ der Freien Arbeiter-Union Deutschlands); zitiert in: Hans Manfred Bock: Syndikalismus und Linkskommunismus von 1918 bis 1923. Ein Beitrag zur Sozial- und Ideengeschichte der frühen Weimarer Republik. Wissenschaftliche Buchgesellschaft, Darmstadt 1993 (aktualisierte Neuausgabe; zuerst 1969), S. 338.

65 Es gibt übrigens auch Männer, die sich als Feministen bezeichnen.

66 Mary Nash: El feminismo. Cuadernos del mundo actual Nr. 47. Historia 16, Madrid 1994, S. 6/7.

67 Ebenda, S. 8.

68 Mary Nash: Rojas, S. 72.

69 Ebenda, S. 45.

70 Ihr bekanntestes Werk ist »La mujer del porvenir« (Die Frau der Zukunft, im Sinne von: Die Frau, die eine vielversprechende Zukunft vor sich hat), geschrieben 1861, veröffentlicht 1868.

71 Mary Nash: Rojas, S. 75.

72 Mary Nash/Susanna Tavera: Experiencias desiguales: Conflictos sociales y respuestas colectivas (siglo XIX). Síntesis, Madrid o.J., S. 123.

73 Abgedruckt in: Ana María Aguado/Rosa María Capel et al.: Textos para la historia de las mujeres en España. Cátedra, Madrid 1994, S. 398-401.

74 Misshandlung der Ehefrau scheint zu dem Zeitpunkt dieses Programms nur dann gerichtlich verfolgt worden zu sein, wenn die Frau dabei lebensgefährlich verletzt wurde; darauf lässt die Formulierung von Punkt 18 schliessen: »Strafe für Misshandlungen der Frau, auch wenn sie nicht lebensgefährlich sind«. Der ANME geht es nun um die Bestrafung der Misshandlung an sich.

75 Mary Nash/Susanna Tavera: Experiencias desiguales, S. 125.

76 Carmen Alcalde: La Mujer en la Guerra Civil Española. Ed. Cambio 16, Madrid 1976, S. 94.

77 Hugh Thomas: The Spanish Civil War, S. 798.

78 Carmen Alcalde: La Mujer, S. 48.

79 Antje Schrupp: Nicht Marxistin, S. 33.

80 Sozialismus im von Daniel Guérin verwendeten umfassenden Begriff, der auch den Anarchismus einschließt.

81 Carmen Alcalde: La Mujer, S. 66.

82 Martha A. Ackelsberg: Free Women, S. 169.

83 Antje Schrupp: Nicht Marxistin, S. 260.

Überblick über den Spanischen Bürgerkrieg

Den gesamten Verlauf des Spanischen Bürgerkriegs zu schildern, würde den Rahmen dieser Arbeit sprengen, daher konzentriere ich mich auf die Punkte, die für das Verstehen der Haltung und des Handelns der Mujeres Libres sowie der anderen republikanischen Gruppierungen nötig sind. Ich beginne mit einer Darstellung des Kriegsbeginns und der Haltung der Regierung und stelle das Verhalten der für den Kriegsverlauf wichtigsten europäischen Länder dar, um dann auf die Ereignisse in der republikanischen Zone Spaniens einzugehen: die Revolution, die gleichzeitig mit dem Kriegsbeginn einsetzte, und die Konterrevolution, die die StalinistInnen gegen die AnarchistInnen durchführten.

Kriegsbeginn

Der von Francisco Franco geleitete Militärputsch (»pronunciamiento«), der am 17. Juli 1936 in Marokko (in der zu Spanien gehörenden Stadt Melilla) begann und sich ab dem 18. Juli auf dem spanischen Festland auszubreiten begann, kam nicht überraschend. Die republikanische Regierung hatte in der Zeit von Februar bis Juli von mehreren Putschvorhaben erfahren und lediglich mit der Versetzung der verdächtigen Offiziere (Franco, Goded und Mola) reagiert.[1] Der Auslöser des Putsches war die Ermordung von José Calvo Sotelo, ehemaliger Finanzminister des Diktators Primo de Rivera, Chef der rechten Partei Renovación Española (Spanische Erneuerung) und maßgeblich an der Planung des Militärputsches beteiligt; republikanische Sturmgardisten hatten ihn am 13.7.1936 aus Rache für den von ihm ermordeten linken Leutnant José del Castillo umgebracht. Nach den beiden Morden rechneten die CNT und die UGT (Unión General de Trabajadores, Allgemeine Arbeiterunion; die 1888 gegründete sozialistische Gewerkschaft) mit einer rechten Erhebung, und viele AktivistInnen verbrachten Tag und Nacht in den Gewerkschaftslokalen, um jederzeit zurückschlagen zu können.

Als der Aufstand in Marokko bekannt wurde, forderten CNT und UGT die Regierung auf, das Volk zu bewaffnen, um die Republik zu verteidigen, doch die Regierung verbreitete beschwichtigende Erklärungen über das Radio, verschwieg das Ausmaß des Putsches und verweigerte die Volksbewaffnung. Am 19. Juli gab es in Spanien drei aufeinanderfolgende Regierungen: Am Morgen traten Ministerpräsident Casares Quiroga und sein Kabinett zurück; im Laufe des Tages formierte sich eine neue Koalition, der neben der Volksfront auch die rechte Partei der Nationalen Republikaner angehörte, unter Ministerpräsident Diego Martínez Barrio, der sich jedoch auch gegen die Ausgabe der Waffen an die Bevölkerung stellte und wahrscheinlich stattdessen Gespräche über eine mögliche Einigung mit den aufständischen Generälen führte.[2] Als die Sozialistische Partei (PSOE, Partido Socialista Obrero Español) und die DemonstrantInnen, die zu Hunderttausenden auf die Straßen stürmten und Waffen forderten, mit einem bewaffneten Aufstand drohten, falls die Regierung keine Bewaffnung der ArbeiterInnen anordne, traten auch Martínez Barrio und sein neu gebildetes Kabinett zurück. Der dritte Ministerpräsident des Tages, José Giral, ordnete schließlich die Volksbewaffnung an.

Im traditionell konservativen Norden und in einzelnen Orten Andalusiens schlossen sich das Militär und Teile der Bevölkerung dem franquistischen Aufstand an, ebenso wie viele kasernierte Soldaten. Der Großteil der Marine blieb loyal zur Republik und überwältigte die aufständischen Offiziere. Vom Zentrum bis zum Mittelmeer wurden die Militärs von der Bevölkerung schnell zurückgeschlagen, da die gute Bewaffnung der Putschisten nicht gegen die Wut der schlecht oder gar nicht bewaffneten Massen ankam; vor allem in Barcelona »siegten Massen, die sich dem Maschinengewehrfeuer unbewaffnet entgegenwarfen und um den Preis von Hunderten von Toten die Maschinengewehre der Armee mit bloßen Händen an sich rissen.«[3] Mit der Teilung Spaniens in eine franquistische und eine republikanische Zone war aus dem Militäraufstand ein Bürgerkrieg geworden, der fast drei Jahre später, am 1. April 1939 mit dem Sieg Francos endete.[4]

Verhalten des Auslands

Der Spanische Bürgerkrieg war kein interner Krieg zwischen zwei verfeindeten Gruppen innerhalb eines Landes, sondern wurde stark durch die Haltung des Auslands bestimmt und letztlich auch entschieden. Die Ereignisse in Spanien wurden als stellvertretend für die Zukunft Europas gesehen: Hier gab es den ersten breiten Widerstand gegen den Faschismus, andererseits auch die Möglichkeit der Ausbreitung des Faschismus oder aber der Abwendung eines weiteren Landes – nach der Sowjetunion – vom Kapitalismus.

Walther L. Bernecker spricht von »Elemente[n] eines (nicht erklärten) internationalen Krieges«.[5] Das Verhalten der hier wichtigsten Länder und die taktischen Überlegungen, die dahinter standen, möchte ich kurz darstellen.

Hilfe für die franquistische Seite

Deutschland und Italien unterstützten Franco von Anfang an und erkannten sein Regime bereits am 18.11.1936 diplomatisch an. Ihre Gründe für die Parteinahme waren die folgenden:

> »Mussolini verfolgte in Spanien einerseits das Ziel, langfristig seine imperialistischen Interessen im Mittelmeerraum abzusichern; andererseits führte das gemeinsame deutsch-italienische Vorgehen zur ›Achse Rom-Berlin‹. [...] Zu den wichtigsten Motiven und Zielen [Deutschlands, V.B.] gehörten (wohl) die Entbindung Italiens von englischem Einfluss und die Verbesserung der Beziehungen zu Mussolini, strategische Bündnisüberlegungen (Einkreisung Frankreichs), antikommunistische Grundeinstellung, die Chance zur Erprobung neuer Waffensysteme (Flugzeuge), schließlich und vor allem ökonomische Interessen im Hinblick auf die Erweiterung der Rohstoffbasis (besonders Eisenerz, Schwefelkies).«[6]

Zusammen mit 25 anderen Ländern unterzeichneten Italien und Deutschland im August 1936 ein Nichteinmischungsabkommen, über dessen Einhaltung ein in London tagendes Nichteinmischungskomitee wachen sollte, das erstmals am 9.9.1936 tagte. Die beiden faschistischen Länder hielten sich jedoch zu keinem Zeitpunkt daran und wurden dafür nicht sanktioniert, obwohl die demokratischen Länder von der Hintergehung des Abkommens wussten. Neben der Entsendung von deutschen und italienischen Truppen wurde Francospanien mit Kriegsmaterial unterstützt, ohne das es den Krieg nicht gewonnen hätte. (Schon allein die Übersetzung der aufständischen Militärs am 18. Juli 1936 von Marokko auf das spanische Festland funktionierte nur dank der Bereitstellung deutscher Flugzeuge, und Italien unterstützte materiell bereits seit 1934 die Vorbereitung des Aufstands.)[7]

Hilfe für die republikanische Seite

Die Sowjetunion war neben Mexiko das einzige Land, das das republikanische Spanien unterstützte, dies jedoch nicht gleich zu Beginn des Bürgerkriegs. Zunächst verhielt sich die UdSSR neutral und verweigerte Frankreich ihre Unterstützung, als dieses der spanischen Republik zu Hilfe kommen wollte. Als sich jedoch zeigte, dass Deutschland und Italien permanent das Nichteinmischungsabkommen übertraten, änderte die Sowjetunion ihre Haltung und unterstützte ab Oktober 1936 die spanische Seite. Die sowjetische Hilfe rettete zwar das republikanische Spanien vor dem Untergang, erfolgte jedoch nicht so kontinuierlich wie die italienische und deutsche Unterstützung für Franco, und im März 1938 hörte sie ganz auf. Da die sowjetischen Staatsarchive noch nicht öffentlich zugänglich sind, kann über die Motive der wechselnden Haltungen nur gemutmaßt werden. Es ist jedoch wahrscheinlich, dass das Hauptinteresse der Sowjetunion war, ihr eigenes Überleben durch eine friedliche Koexistenz mit den kapitalistischen Staaten zu sichern. Die KPdSU sprach von der Verteidigung der spanischen Demokratie, nicht von einer Revolution, was darauf abzielte, den westlichen Demokratien zu zeigen, dass auch sie die spanische Republik unterstützen könnten ohne Angst, diese würde kommunistisch werden.

Durch die massiven Waffenlieferungen erhielt die KPdSU Einfluss auf die Politik des republikanischen Spaniens, den sie durch sowjetische Abgesandte vor Ort und durch Druck auf die PCE (Partido Comunista Español, die Spanische Kommunistische Partei) ausübte; so wurden nicht nur den anarchistischen Divisionen Waffen verweigert – selbst wenn sie sich an strategisch wichtigen Frontstellungen befanden –, sondern auch die Revolution im republikanischen Hinterland bekämpft.[8]

Eine wichtige Unterstützung erhielt die spanische Republik auch von nichtstaatlicher Seite: durch freiwillige KämpferInnen aus dem Ausland. Bereits im Sommer 1936 entschlossen sich viele AusländerInnen, Spanien zur Hilfe zu kommen, und traten in die spanischen Milizen, die meistens zu einer der Parteien oder Gewerkschaften gehörten, ein. Im Oktober 1936 begann die Sowjetunion, die Internationalen Brigaden zu organisieren: Die französische KP richtete Rekrutierungsstellen für die Freiwilligen ein, die dann über die Pyrenäen beziehungsweise von Perpignan aus auf dem Seeweg nach Spanien gelangten[9]. Zunächst wurden die Brigaden und Bataillone nach Nationalität gebildet; nach starken Verlusten wurden erst Umgruppierungen nötig, dann auch Verstärkung beziehungsweise Austausch mit KämpferInnen der spanischen Armee. Insgesamt kämpften wahrscheinlich ungefähr 59.000 AntifaschistInnen[10] aus 53 Ländern in den Internationalen Brigaden, bis diese im Herbst 1938 auf Beschluss der spanischen Regierung aufgelöst wurden. Die Internationalen Brigaden waren Elitetruppen, die in den zwei Jahren ihres Bestehens an fast allen wichtigen Schlachten teilnahmen; da es sich um überzeugte AntifaschistInnen handelte, die oft schon in ihren Heimatländern Verfolgungen ausgesetzt waren, besaßen sie einen hohen Kampfgeist. Durch ihren Eintritt in die Internationalen Brigaden (das Gleiche gilt auch für die ausländischen KämpferInnen, die in die spanischen

Milizen eintraten) hatten sie gegen mehrere Gesetze verstoßen: gegen das internationale Nichteinmischungsabkommen ebenso wie oft auch gegen die Gesetze ihres eigenen Landes, wonach der Eintritt in die Armee eines anderen Landes verfolgt wurde – so wurde der Sieg der spanischen Republik für sie lebenswichtig.[11]

Neutralität

Stellvertretend für die westlichen Demokratien stelle ich hier die Haltungen Frankreichs und Großbritanniens dar, da diese die größten Auswirkungen hatten. Das republikanische Spanien setzte große Hoffnungen auf Unterstützung durch Frankreich, da dort ebenfalls eine Volksfrontregierung an der Macht war; doch diese wollte, nach einer ersten Zusage von Waffenlieferungen, wegen der starken Opposition dann doch keine Schritte machen, die als »Unterstützung einer Revolution« hätten diffamiert werden können. Außerdem wollte Frankreich nicht gegen den Willen Großbritanniens handeln, das von Anfang an für internationale Neutralität eintrat. Die britischen Ziele bezüglich des Spanischen Bürgerkriegs waren die Verhinderung seiner Ausdehnung zu einem europäischen Krieg, die Erhaltung der territorialen Integrität Spaniens und die Aufrechterhaltung der britisch-spanischen Wirtschaftsbeziehungen. Die Sozialisierungen der Fabriken und die Kollektivierungen der Ländereien in der republikanischen Zone ließen Großbritannien nicht nur eine kommunistische Transformation Spaniens befürchten, sondern auch Nachteile für die britische Wirtschaft. Während Großbritannien weiterhin diplomatische Beziehungen zur spanischen Republik unterhielt, tauschte es im November 1937 Handelsvertreter mit dem franquistischen Spanien aus, was dessen faktische Anerkennung bedeutete.[12]

Über die Haltung der westlichen Demokratien fällt Walther L. Bernecker ein hartes Urteil:

> »Die eigennützige, insgesamt jedoch erfolglose Politik der Sowjetunion und die verlogene Haltung der Westmächte, deren ökonomische Interessen bei Franco letztlich besser aufgehoben waren als bei einer zunehmend von Kommunisten beeinflussten Volksfrontregierung, sind wesentlich für den Untergang der spanischen Republik mitverantwortlich. Diese Politik konnte ihr stets proklamiertes Ziel: die Erhaltung des Friedens, nicht erreichen. Wenige Monate nach Beendigung des Spanischen Bürgerkrieges begann der Zweite Weltkrieg. Die Großmächte nahmen aber um ihrer eigenen Interessen willen bewusst in Kauf, dass die spanische Demokratie zerstört und das Land einer nahezu 40jährigen Diktatur ausgeliefert wurde.«[13]

Revolution und Konterrevolution in der republikanischen Zone

Gleichzeitig mit dem sich formierenden Widerstand gegen den Militärputsch kam es in der republikanisch gebliebenen Zone zu einer sozialen Revolution, deren revolutionäre Zentren Aragonien und Katalonien, darin vor allem Barcelona, waren. Die meisten Kollektivierungen in der Landwirtschaft wurden von den Massen unorganisiert durchgeführt; selbst die CNT wurde von deren Spontaneität überrascht. In Barcelona besetzten die ArbeiterInnen ihre Fabriken und führten sie in Eigenregie weiter. Insgesamt beteiligten sich etwa 3 Millionen Menschen an den Kollektivierungen und Sozialisierungen in der republikanischen Zone.[14] Die Revolution machte nicht vor den politischen Institutionen halt: Vor allem in Katalonien besaß die ursprüngliche Regierung, die Generalitat (katalanisch für Generalität), keine Macht mehr, sondern wurde faktisch von den Revolutionskomitees und Räten, die sich überall gebildet hatten, ersetzt. Auf die Auflösung der Generalitat verzichtete die CNT jedoch, da sie die Herrschaft abschaffen, nicht übernehmen wollte. Auf diese Weise ließ sie ein Machtvakuum entstehen, das die wiedererstarkenden bürgerlichen Kräfte gemeinsam mit der Kommunistischen Partei 1937 immer weiter ausfüllten.

Im Herbst 1936 begann die PCE[15] mit der Konterrevolution, die im Mai 1937 einen traurigen Höhepunkt fand, aber damit keineswegs beendet war. Wie bereits erwähnt, war die Kommunistische Partei Spaniens stark abhängig von Stalin und der KPdSU; vor 1936 hatte sie aufgrund ihrer geringen Mitgliederzahl kaum eine Rolle gespielt, 1937 war sie mit 250.000 Mitgliedern zur dominierenden Partei auf der republikanischen Seite geworden. Aufgrund der Volksfront-Idee suchte die PCE das Bündnis mit den gemäßigten republikanischen Kräften, mit denen sie die Ablehnung der proletarischen Revolution verband. Doch die StalinistInnen[16] blieben nicht bei der Ablehnung stehen, sondern schlugen die Revolution blutig nieder. Nachdem sie vorher schon einzelne VertreterInnen der Linkskräfte (vor allem CNT, FAI und POUM, Partido Obrero de Unificación Marxista, Arbeiterpartei der marxistischen Vereinigung) als »Unkontrollierbare« diffamiert hatten, eröffneten sie in der ersten Maiwoche 1937 in Barcelona eine ganze Serie von Morden an Linken. Am 3. Mai ließen die StalinistInnen das von der CNT kontrollierte Telefonamt Barcelonas stürmen, worauf drei Tage lang bürgerkriegsähnliche Zustände herrschten: auf der einen Seite die stalinistischen Sturmgardisten, auf der anderen die AnarchistInnen und die

AnhängerInnen der POUM. Während die POUM die Bevölkerung aufrief, die Revolution gegen die StalinistInnen zu verteidigen, kamen CNT-MinisterInnen, zum Beispiel Federica Montseny, in die Stadt und beschworen ihre Mitglieder, die Waffen niederzulegen. Nach drei Tagen zogen beide Seiten ihre Belagerung wieder ab, doch die StalinistInnen ließen nun (mit Unterstützung der UGT) Mitglieder von CNT, FAI und POUM verhaften und ermorden. Hunderte wurden in Gefängnissen festgehalten, unter der Anschuldigung, sie seien von Faschisten bezahlte Spitzel. Die sich teilweise widersprechende stalinistische Propaganda behauptete, die mitgliederschwache POUM (ca. 3000 Mitglieder), die zudem fast nur in Katalonien Mitglieder hatte, sei eine 30.000 Mitglieder zählende Massenbewegung,[17] stelle eine Gefahr für Spanien dar und müsse deshalb verboten werden.

Die politischen Morde an oppositionellen Linken und das Verbot der POUM waren nicht die einzigen Folgen der Mai-Ereignisse in Barcelona. Danach setzten die StalinistInnen mit einer systematischen Zerstörung der Agrarkollektive ein: Diese wurden nicht nur durch die kommunistische Agrargesetzgebung daran gehindert, legal zu arbeiten, sondern in mehreren Fällen auch militärisch zerstört.[18] Gleichzeitig wurden die Räte und Komitees, unter anderem der Wirtschaftsrat von Aragonien, aufgelöst und deren Mitglieder verhaftet; Katalonien verlor seine wirtschaftliche und politische Autonomie und wurde der Zentralregierung direkt unterstellt. Der spanische Ministerpräsident Francisco Largo Caballero wurde gestürzt, und an der neuen Regierung war die CNT nicht mehr beteiligt.

Trotz der stalinistischen Konterrevolution rief die CNT nicht zum Aufstand auf. In der Hoffnung, gemeinsam mit den StalinistInnen den Krieg gegen Franco zu gewinnen, ließ sie zu, dass diese die revolutionären Errungenschaften zerstörten.[19]

Wandel der Rolle der Frauen

Die Revolution in der republikanischen Zone und der Kampf gegen den Faschismus veränderten das Alltagsleben der spanischen Frauen vollkommen – mit einem Mal verließen sie ihren traditionellen Platz im Haus und kämpften und arbeiteten an der Seite der Männer. Der Auslöser dieser Veränderung lag in dem Enthusiasmus und der Begeisterung, die die Menschen ergriff, als sie für ihre Freiheit zu kämpfen begannen; in der spontanen Massenbewegung der ersten Tage nach dem Militäraufstand kamen auch die Frauen spontan zusammen. Sie erledigten alle Aufgaben, die anfielen, auch wenn diese nicht in ihrem gewöhnlichen Arbeitsbereich lagen. Im Laufe des Krieges mussten die Frauen dann alle Arbeiten übernehmen, da die meisten Männer an die Front gingen.

In Barcelona zum Beispiel regelten die Frauen die Nahrungsmittelverteilung;[20] insgesamt waren Frauen allerdings eher in der Ausführung als in der Planung und Beratung aktiv. Bei den Nachbarschafts- und Dorfversammlungen waren zwar Frauen anwesend, wurden aber oft nicht in die Komitees gewählt. Analphabetismus musste dabei vielfach als Begründung herhalten. Außerdem hatten die meisten Frauen noch nie in der Öffentlichkeit gesprochen, waren also weder rhetorisch geübt noch selbstbewusst genug, um einfach ihre Meinung in dieser Öffentlichkeit zu äußern. Es ist davon auszugehen, dass viele Männer ihnen gar nicht zutrauten, wichtige Entscheidungen abwägen zu können.

Trotz dieser Schwierigkeiten hatte sich der Alltag der Frauen sehr verändert; darauf folgte der Wandel im gesellschaftlichen Bild der Frau:

> »Der Bürgerkrieg wirkte als Katalysator in der Mobilisierung der Frauen und gab den Anlass zu einer Neugestaltung der Haltung gegenüber den Frauen und ihrer sozialen Funktion. [...] Im Gegensatz zu der Indifferenz der vorhergehenden Jahre unternahmen alle politischen Parteien und Gewerkschaften einen allgemeinen Aufruf zur Mobilisierung der Frauen.«[21]

Zwischen dem veränderten Leben der Frauen und einem Wandel ihrer gesellschaftlichen Rolle bestand jedoch kein automatischer Zusammenhang. Während in urbanen Zentren wie Barcelona, Madrid und Valencia schnell das neue Frauenbild propagiert wurde, gab es auch ländliche Regionen, in denen zwar die Frauen wegen der Kriegssituation in die Produktion eingegliedert wurden und frühere Aufgaben der Männer übernahmen, die traditionellen Verhaltensweisen der Geschlechter jedoch keinesfalls in Frage gestellt wurden.[22]

Abgesehen von regionalen Unterschieden lässt sich auch über die drei Jahre des Bürgerkriegs hinweg kein durchgängiges Frauenbild festmachen, sondern dieses veränderte sich rasch je nach den politischen oder militärischen Erfordernissen.

Besonders gut zeigt sich das neue Frauenbild an den vielen Plakaten[23], die die republikanischen Parteien und Gewerkschaften erstellten; die spanischen Frauen erhielten zum ersten Mal eine öffentliche kollektive Sichtbarkeit.[24] Dabei dominierte in den ersten Kriegs- und Revolutionsmonaten das Bild der jungen Miliciana, der Frontkämpferin. »Miliciana« heißt eigentlich nur »Milizionärin«, d.h. Kämpferin in einer Miliz; der Begriff erhielt jedoch eine so große Symbolkraft, dass zum Beispiel Kasilda Hernáez, die an der Front kämpfte, nicht als »Miliciana« bezeichnet werden möchte:

> »Ich weiß nicht, warum die Leute mich kannten. Zweifellos weil ich an den Kämpfen teilnahm, zumindest als Assistentin. Und nicht mit den Händen in den Taschen. Das nie. Als Miliciana, wie es damals hieß. Mir gefiel dieser Name Miliciana nicht. Ich nannte mich immer Revolutionärin oder Kämpferin. Meine Tätigkeit hatte nicht mehr Bedeutung als die der anderen.«[25]

In den ersten Kriegswochen war die Miliciana das Symbol des Widerstands gegen den Faschismus; auf Plakaten riefen junge Frauen, ein Gewehr in der Hand und bekleidet mit dem »mono azul«, dem blauen Arbeitsoverall, den viele KämpferInnen trugen, dazu auf, sich in den Milizen einzuschreiben. Durch diese Darstellungen wurde komplett mit dem traditionellen Frauenbild gebrochen: Frauen hatten nicht mehr unsichtbar zu Hause zu sein und weiblich und zart auszusehen, sondern sie wurden »in männlichen Haltungen, mit aggressivem, revolutionärem und militaristischem Aussehen«[26] gezeichnet. Einen »mono azul« zu tragen, bedeutete für die Männer, sich öffentlich zu ihrer politischen Anschauung zu bekennen; für die Frauen hatte dies noch eine weitere Komponente: Sie trotzten der traditionellen weiblichen Erscheinung und Kleidung.[27]

Doch das positive Bild der Miliciana änderte sich recht schnell, als der erste Enthusiasmus der Menschen nachließ; bereits im Dezember 1936 erschienen kaum noch Milicianas auf Plakaten, stattdessen wurden sie vom Symbol des heroisch kämpfenden Volkes zum Symbol der Entehrung der Front und des normalen Kriegsverlaufs. Teilweise wurde behauptet, alle an der Front kämpfenden Frauen seien Prostituierte, die dort nur wegen der Männer hinkämen und nicht, um zu kämpfen. Dem widerspricht die ehemalige Kämpferin Clara Thalmann:

> »Sicherlich gab es das da und dort, dass ihnen [den Milicianas, V.B.] der Hof gemacht wurde, und natürlich, dass sich ein Mädchen in einen miliciano verliebt hat und umgekehrt. Aber dass da im ganzen eine sehr strenge puritanische Moral war bei den Anarchisten, das würde ich sagen.«[28]

Sie sieht sich und ihre Mitkämpferinnen als eine Art Neutrum, solange sie an der Front waren, und hebt das kameradschaftliche Verhältnis hervor, das dort zwischen Frauen und Männern herrschte. Dies beschreibt auch die ehemalige Frontkämpferin Fidela Fernandez de Velasca Perez, genannt Fifi:

> »Ja, es gab schon Prostituierte, aber die waren vor allem in der Etappe. Die haben da ihren Beruf ausgeübt. Aber das hatte doch nichts mit uns zu tun, mit den Kämpferinnen. Und unsere Kameraden wussten das auch ganz genau. Da hätte

sich keiner getraut, uns zu nahe zu kommen. Die nahmen uns überhaupt nicht als Frauen wahr. Wie denn auch? Wir lagen genauso verdreckt und verlaust wie sie im Schützengraben, wir haben gekämpft und gelebt wie sie. Wir waren für die keine Frauen, sondern einfach uno mas, einer mehr.«[29]

Aus dem Vorwurf der Prostitution ergab sich die Warnung an die Milicianos vor den Frauen an der Front, da diese ansteckende Geschlechtskrankheiten haben könnten. Dies war zwar tatsächlich ein Problem an der Front, aber die patriarchale Logik überrascht: Die unschuldigen Männer müssen vor den bösen, ansteckenden Frauen gewarnt werden, die ihre Kampfkraft außer Gefecht setzen. Auf Plakaten wurden die Kämpfer aufgefordert, sich ebenso vor Geschlechtskrankheiten wie vor den faschistischen Kugeln zu schützen, wobei die Geschlechtskrankheiten durch Frauen bildlich dargestellt wurden.[30]

Zusätzlich trug zur Abwertung des Bildes der Miliciana bei, dass die Fotos von kämpfenden Frauen auf negative Resonanz im europäischen Ausland stießen, die Parteien und Gewerkschaften jedoch schädliche Auswirkungen auf die Meinung des europäischen Auslands vermeiden wollten. Zusätzlich waren die Milicianas Zielscheibe der franquistischen Propaganda, die die Frauen des antifaschistischen Widerstands verunglimpften.[31]

Die harmlosere Form, die Milicianas abzuwerten, zeigte sich im Hinterland, wo Frauen im »mono azul« als kokett abgestempelt wurden, so als sei der Krieg ein Spaß oder eine Mode – wobei es wohl tatsächlich bürgerliche Frauen gab, die aus der Kleidung der Arbeiterinnen einen Modetrend machten.

Die Frontkämpferinnen hatten nicht nur unter den Beschuldigungen aus der Etappe zu leiden, sondern waren auch unter ihren männlichen Mitkämpfern nicht mehr so akzeptiert wie zu Beginn der Revolution; George Orwell beschreibt in seinem Buch »Mein Katalonien«, wie die Milizsoldaten während der kurzen Kriegsausbildung über die Milicianas lachen, und meint über den Wandel:

»Einige Frauen dienten immer noch in der Miliz, aber nicht mehr viele. In den ersten Schlachten hatten sie ganz selbstverständlich Seite an Seite mit den Männern gekämpft. Während einer Revolution scheint das eine natürliche Sache zu sein. Jetzt aber änderten sich die Ansichten schon.«[32]

Die Frauen an der Front standen ständig unter Druck, nur keinen Fehler zu begehen – bei einem Mann warf eine Schwäche nur ein schlechtes Licht auf ihn selbst, bei einer Frau jedoch auf alle ihre Geschlechtsgenossinnen, die damit ihre Unfähigkeit zum Frontkampf bewiesen hätten. Julia Manzanal, eine

Kommunistin, die an der Front als politische Kommissarin des Bataillons der Kommune von Madrid kämpfte, spricht über diesen Erfolgsdruck: »Ich hab ja immer unter der Anspannung gestanden, dass ich mich beweisen muss.«[33]

Außerdem waren die Milicianas an der Front gefährdeter als die männlichen Kämpfer: Immer wieder wird auf die Brutalität der franquistischen Soldaten verwiesen, die die republikanischen Kämpferinnen erst vergewaltigten und folterten und dann töteten.[34] Vergewaltigung als Mittel der Erniedrigung des Kriegsgegners ist zwar keine Besonderheit des Spanischen Bürgerkriegs – auch die Frauen in der Pariser Kommune 1871 und die antifaschistischen Widerstandskämpferinnen im Zweiten Weltkrieg wurden sexueller Gewalt ausgesetzt, und noch in den 90er Jahren des 20. Jahrhunderts waren Massenvergewaltigungen im Jugoslawienkrieg möglich; trotzdem möchte ich auf diese ständig drohende Gefahr hinweisen, der sich eine Frau aussetzte, indem sie an die Front ging. Viele Milicianas töteten sich in letzter Sekunde lieber selbst, bevor sie den Faschisten in die Hände fielen; einige von ihnen wurden nach ihrem Tod an der Front als Volksheldinnen verehrt, zum Beispiel Lina Odena. Statt jedoch die Frauen für ihren Mut zu ehren, wurde das Argument, die Frauen seien an der Front gefährdeter als die Männer, auch gegen die Frauen verwendet, indem es ihnen aus diesem Grund nicht mehr erlaubt sein sollte, selbst zu kämpfen.[35]

»Quer durch alle Ideologien herrschte und herrscht zum Teil noch immer die Ansicht, Frau und Kampf, das schließe sich aus.«[36] Wer so gegen die herrschende Geschlechternorm verstößt, wird deshalb mit Missachtung oder auch mit Nichtbeachtung durch männliche Historiker bestraft. Bei den Forschungen zu ihrem Buch über »Frauen im bewaffneten Widerstand gegen Faschismus und deutsche Besatzung« stellte Ingrid Strobl fest, dass Frauen im Widerstand am ehesten von Historikern erwähnt werden, wenn sie dabei traditionell weibliche Aufgaben – ernähren, versorgen, Hilfsdienste leisten – erfüllten. Über die mit der Waffe kämpfenden Frauen wird kaum berichtet; »[d]a auch in den Berichten der Überlebenden häufig nur von Partisanen und Kämpfern die Rede ist, selbst wenn unausgesprochen die Partisaninnen und Kämpferinnen mitgemeint sind, mangelt es an Hinweisen.«[37] Diejenigen Historiker, die ein traditionelles Geschlechterrollenverständnis haben, seien gar nicht so an der Erforschung weiblicher Kampfbeteiligung interessiert, in der Meinung, »die Erwähnung weiblicher bewaffneter Mitglieder diskreditiere die entsprechende Untergrundgruppe«.

Und die ehemaligen Kämpferinnen selbst möchten häufig nicht mehr über ihre Vergangenheit sprechen, oft verbittert über die Reaktionen sogar der eigenen Kameraden, wie Ingrid Strobl erfuhr:

> »Spanische Frontkämpferinnen erklärten mir, sie gelten auch in der eigenen Partei als Huren. Der blaue Overall, das ›Ehrenkleid‹ der Milicianos, wird, von einer Frau getragen, zum Paria-Gewand.«[38]

Als das Bild der Miliciana nicht mehr als positives Symbol fungierte, griffen die antifaschistischen Kräfte wieder auf eine traditionelle Frauenrolle zurück: die Mutterschaft. Die Rolle der Mutter bezog sich nun nicht mehr nur auf den traditionellen häuslichen Bereich, sondern wurde mit dem gesellschaftlichen Rahmen verbunden; die mütterliche Frau (die, rein biologisch, gar nicht Mutter sein musste) kümmerte sich um die Soldaten wie vorher um ihre eigenen Kinder. Das Bild der Mutter wurde durch eine Synthese aus Tradition und veränderten gesellschaftlichen Bedingungen politisiert; es beinhaltete keinen so radikalen Bruch mit der Vergangenheit wie das Bild der Miliciana und bot auf diese Weise eine Identifikationsmöglichkeit für viele Spanierinnen.

Mary Nash bezeichnet dieses neue Frauenbild als »kämpferische Mutter« (madre combativa).[39] Die »kämpferische Mutter« wurde einerseits bei traditionell weiblichen Fürsorgearbeiten dargestellt – Hausarbeit, Unterstützung in Krankenhäusern und Versorgung von Flüchtlingen –, also indem sie aufopferungsvoll anderen hilft. Andererseits war sie auch »passives« Opfer: Viele Plakate zeigten Fotos oder Bilder von Frauen und Kindern, die unter den faschistischen Bombenangriffen und Kriegszerstörungen leiden. Mit diesen beiden Arten der Darstellung wurde sowohl an die spanische Bevölkerung appelliert, weitere Anstrengungen für den Krieg auf sich zu nehmen und durchzuhalten, als auch an die Bevölkerung der demokratischen Länder, sich mit dem republikanischen Spanien zu solidarisieren.

Dieses wieder traditionell gefärbte Frauenbild blieb bis zur Kriegsniederlage bestimmend. Zudem entsprach es in seiner Gemäßigtheit mehr als das radikale Bild der Miliciana den gegebenen Verhältnissen der spanischen Frauen.

Anmerkungen

1 Pierre Broué/Émile Témime: Revolution und Krieg in Spanien, S. 104.

2 Ebenda, S. 121.

3 Ebenda, S. 134.

4 Zur Entwicklung der franquistischen und der republikanischen Zone während des Bürgerkriegs siehe die Karte im Anhang.

5 Walther L. Bernecker: Krieg in Spanien, S. 3.

6 Walther L. Bernecker: Spaniens Geschichte seit dem Bürgerkrieg, S. 47.

7 Zusammenfassungen über die faschistische Unterstützung: siehe Pierre Broué/Émile Témime: Revolution und Krieg in Spanien, S. 393-400 und S. 424-458, Walther L. Bernecker: Krieg in Spanien, S. 47-79; Walther L. Bernecker: Spaniens Geschichte seit dem Bürgerkrieg, S. 46-50.

8 Zusammenfassungen über die sowjetische Haltung: siehe Pierre Broué/Émile Témime: Revolution und Krieg in Spanien, S. 459-475; Walther L. Bernecker: Krieg in Spanien, S. 100-110.

9 Die Einreise nach Spanien musste organisiert werden, da Frankreich aufgrund des Nichteinmischungsabkommens am 13.8.1936 die Pyrenäengrenze geschlossen hatte. Walther L. Bernecker: Krieg in Spanien, S. 92.

10 Diese Zahl nennt Walther L. Bernecker im Jahre 1991 in Krieg in Spanien, S. 111. 30 Jahre vorher schätzen Pierre Broué und Émile Témime die Gesamtzahl auf unter 50.000 (in: Revolution und Krieg in Spanien, S. 480). Die Schätzungen über die Größe und vor allem die nationale Zusammensetzung der Internationalen Brigaden gehen auch bei anderen Historikern weit auseinander; vier davon hat Patrik von zur Mühlen nebeneinandergestellt. Patrik v. zur Mühlen: Spanien war ihre Hoffnung. Die deutsche Linke im Spanischen Bürgerkrieg 1936 bis 1939. Verlag Neue Gesellschaft, Bonn 1983, S. 190.

11 Zusammenfassungen über ausländische Freiwillige und die Internationalen Brigaden: siehe Pierre Broué/Émile Témime: Revolution und Krieg in Spanien, S. 475-492; Walther L. Bernecker: Krieg in Spanien, S. 110-114.

12 Zusammenfassungen über die Haltung der neutralen Länder: siehe Pierre Broué/Émile Témime: Revolution und Krieg in Spanien, S. 401-423; Walther L. Bernecker: Krieg in Spanien, S. 80-99; Walther L. Bernecker: Spaniens Geschichte, S. 46-50.

13 Walther L. Bernecker: Spaniens Geschichte, S. 50.

14 Zu den Kollektivierungen und Sozialisierungen siehe die Werke der beiden Spanienkämpfer: Augustin Souchy: Nacht über Spanien; Gaston Leval: Das libertäre Spanien. Originaldokumente zu den Kollektivierungen: Walther L. Bernecker (Hg.): Kollektivismus und Freiheit. Zusammenfassungen zur sozialen Revolution: siehe Walther L. Bernecker: Krieg in Spanien, S. 153-186; Pierre Broué/Émile Témime: Revolution und Krieg in Spanien, S. 180-207.

15 Und ihre Schwesterpartei in Katalonien, die PSUC (Partit Socialista Unificat de Catalunya, Sozialistische Einheitspartei Kataloniens).

16 Die AnhängerInnen und Mitglieder der stalinistischen PCE bezeichne ich als StalinistInnen, um sie von den Mitgliedern nicht-orthodoxer marxistischer Parteien wie der trotzkistischen POUM zu unterscheiden.

17 Walther L. Bernecker: Kollektivismus und Freiheit, S. 11.

18 Walther L. Bernecker: Krieg in Spanien, S. 161.

19 Zu den Mai-Ereignissen und deren Folgen siehe den Bericht des Spanienkämpfers George Orwell: Mein Katalonien. Bericht über den Spanischen Bürgerkrieg. Diogenes, Zürich 1975 (zuerst 1964; engl. 1938), S. 152-283. Zusammenfassung: siehe Pierre Broué/Émile Témime: Revolution und Krieg in Spanien, S. 348-390.

20 Clara Thalmann, in: Karin Buselmeier: Interview mit Clara Thalmann, S. 22.

21 Mary Nash: Rojas, S. 91/92.

22 Ebenda, S. 92.

23 Die Plakate besaßen in dieser Zeit in Spanien eine große Bedeutung, da sie auch von den vielen AnalphabetInnen verstanden wurden. George Orwell: Mein Katalonien, S. 80/81.

24 Mary Nash: Rojas, S. 92.

25 Kasilda Hernáez, zitiert in: Las Libertarias. Texte über Lola Iturbe und Conxa Pérez (keine AutorInnenangabe); Interview mit Kasilda Hernáez, Biarritz 1977, geführt von Manuel Chiapuso. In: Ingrid Strobl: »Partisanas«. La mujer en la resistencia armada contra el fascismo y la ocupación alemana (1936-1945). Virus, Barcelona 1996 (spanische Übersetzung von »Sag nie, du gehst den letzten Weg.«) (S. 345-364), S. 350.

26 Mary Nash: Rojas, S. 94.

27 Trotzdem trugen nicht viele Frauen im Hinterland einen »mono azul«, sondern hielten sich an die traditionellere Kleidung, die auch von dem revolutionären Wandel des Frauenbildes tangiert wurde: Die Kommunistin Teresa Pàmies erwähnt die Bedeutung, die die Erfindung des Hosenrocks für die Frauen hatte – plötzlich gewannen sie eine ungekannte Bewegungsfreiheit, konnten Fahrrad fahren, auf Lastwagen aufspringen und auf Straßenlaternen klettern. Teresa Pàmies, zitiert in: Mary Nash: Rojas, S. 96.

28 Clara Thalmann, in: Karin Buselmeier: Interview mit Clara Thalmann, S. 35.

29 Fifi, in: Ingrid Strobl: »Sag nie, du gehst den letzten Weg«. Frauen im bewaffneten Widerstand gegen Faschismus und deutsche Besatzung. Fischer, Frankfurt/Main 1995 (1989), S. 52.

30 Siehe die Plakate Nr. 33 und 35 in: Mary Nash: Rojas, nach S. 224.

31 Mary Nash: Rojas, S. 97. Und selbst fast vierzig Jahre nach dem Bürgerkrieg schreibt der franquistische Historiker Rafael Abella herablassend über die Milicianas; zu einem Foto mit Milicianas schreibt er folgenden Text: »Die Milicianas, bei denen nicht alles einwandfrei war.« Rafael Abella: La vida cotidiana durante la guerra civil, Band 2, S. 123.

32 George Orwell: Mein Katalonien, S. 12.

33 Zitiert in Ingrid Strobl: Frauen im bewaffneten Widerstand, S. 63.

34 zum Beispiel Ingrid Strobl: Frauen im bewaffneten Widerstand, S. 48.

35 Dieses Argument wird dadurch entkräftet, dass die franquistischen Truppen auch Frauen im republikanischen Hinterland vergewaltigten, nicht nur die Frontkämpferinnen. Der franquistische General Queipo de Llano äußerte in einer Radiosendung am 23.7.1936: »Unsere tapferen Legionäre und regulären Soldaten haben den Roten gezeigt, was ein Mann ist. Bei der Gelegenheit [zeigten sie dies] auch den Frauen der Roten, die jetzt endlich wahre Männer kennengelernt haben, keine kastrierten Milizsoldaten. Treten und Schreien wird sie nicht retten [...]«. Zitiert in: Aurora Morcillo Gómez: Feminismo y lucha política durante la II república y la guerra civil. In: Pilar Folguera (Hg.): El feminismo en España: Dos siglos de historia. Ed. Pablo Iglesias, Madrid 1988 (S. 57-83), S. 80.

36 Ingrid Strobl: Frauen im bewaffneten Widerstand, S. 27.

37 Ebenda, S. 28.

38 Ebenda, S. 29.

39 Mary Nash: Rojas, S. 99.

Die Gruppe Mujeres Libres

Die Theorie der Mujeres Libres lässt sich als Anarcho- oder Anarcha-Feminismus[1] bezeichnen, aber auch als proletarischer Feminismus. Sie waren »die Frauengruppe, die zum ersten Mal im spanischen Staat die Frauenproblematik von einer Klassenperspektive aus bedachten. Das heißt, sie verstanden die Befreiung der Frau aus einer Perspektive der Befreiung der Arbeiterklasse.«[2]

Entstehung und Entwicklung der Mujeres Libres

Die Gruppe Mujeres Libres wurde im April 1936 von Lucía Sánchez Saornil (1895-1970), Mercedes Comaposada Guillén (1900-1994) und Ámparo Poch y Gascón (1902-1968) in Madrid gegründet und arbeitete zunächst an der Herausgabe der gleichnamigen, monatlich erscheinenden Zeitschrift.[3] Die Zeitschrift Mujeres Libres benannte ihr Thema mit »Cultura y documentación social« (Kultur und soziale Dokumentation) und sollte einerseits das Bewusstsein der Frauen erweitern, um sie so zu ihrer eigenen Befreiung zu befähigen, und andererseits die Frauen für die anarchistische Bewegung interessieren – damit war die Zielsetzung der Zeitschrift identisch mit der der ganzen Gruppe.

In Barcelona hatte sich bereits Ende 1934, nach der asturischen Bergarbeiterrevolution, die »Grupo Cultural Femenino (CNT) Barcelona« (kulturelle Frauengruppe[4]) gegründet. Obwohl die beiden Gruppen ähnliche Ziele verfolgten, erfuhren sie erst Mitte 1936 voneinander. Im September 1936 fuhr Mercedes Comaposada nach Barcelona, nahm dort an einem Regionaltreffen der »Grupo Cultural Femenino« teil und tauschte sich mit den Mitgliedern über ihre beiden Gruppen aus. Unterschiede gab es im Schwerpunkt der Mitgliedergewinnung: Die Gruppe in Barcelona konzentrierte sich auf die Frauen in der CNT, die sie zu größerem Aktivismus anspornen wollte, während die Gruppe in Madrid auch noch überhaupt nicht politisierte Frauen ansprach, denen sie nicht nur bei der politischen Bewusstseinsbildung, sondern insgesamt bei ihrer Entwicklung helfen wollten.[5] Die Gemeinsamkeiten der beiden Gruppen überwogen jedoch, so dass die »Grupo Cultural Femenino« noch auf ihrem Kongress beschloss, sich in »Mujeres Libres« umzubenennen und sich mit der Madrider Gruppe zusammenzuschließen. Damit wurde sie die zweite Abteilung der Mujeres Libres.[6]

Die Organisation war, wie die anderen anarchistischen Organisationen, nach den Grundsätzen der Basisdemokratie aufgebaut: Auf der untersten Ebene gab es lokale Gruppen, die Vertreterinnen in die Provinzkomitees (»Comité Provincial«) entsandten. Diese Föderationen wiederum ernannten Vertreterinnen für die Regionalkomitees, von wo aus dann Vertreterinnen in das Nationalkomitee geschickt wurden. In der Satzung, die sich die Mujeres Libres auf ihrem ersten Nationalen Kongress im September 1937 in Valencia gaben, ist die Autonomie der einzelnen Gruppen festgehalten; es gibt also keine Befehlshierarchie von oben nach unten:

> »Artikel Nr. 4. Die lokalen Gruppierungen, die an diese Föderation angeschlossen sind, werden sich mit der größten Autonomie und Freiheit in den Angelegenheiten mit lokalem Charakter entwickeln; dabei verpflichten sie sich jedoch, den Orientierungen zu folgen, die die Plenen und Kongresse der Föderation auf nationaler Ebene festlegen.«[7]

Während der drei Jahre des Bürgerkriegs traten immer mehr Frauen in den republikanischen Gebieten Spaniens den Mujeres Libres bei; insgesamt waren es wahrscheinlich um die 20.000 Mitglieder[8], wobei die Gruppe selbst im März 1937 eine Gesamtzahl von 28.000 Frauen angibt, Mercedes Comaposada ein Jahr später, im März 1938, von 30.000 spricht und fast gleichzeitig, im Februar 1938, die Sekretärin des Regionalkomitees Katalonien allein für diese Region 60.000 angibt.[9]

> »Es ist unmöglich, die exakte Anzahl ihrer Mitglieder festzustellen, die laut offizieller Quellen zwischen 20.000 und 60.000 schwankte. Trotzdem scheint die glaubwürdigste Zahl um die 20.000 zu liegen, welche in den internen Dokumenten die am häufigsten benutzte ist, wo es nicht nötig ist, die Mitgliederzahl nach oben aufzublähen.«[10]

Die meisten Gruppen der Mujeres Libres befanden sich im Zentrum (Madrid) und Katalonien (Barcelona), gefolgt von Aragonien, Valencia und Andalusien.[11] Die Anzahl der regionalen Gruppen steht nicht genau fest; so gibt Mary Nash in verschiedenen Büchern, aber auch zu verschiedenen Zeiten, folgende Anzahlen an: 147[12] (das Buch erschien 1975), 153[13] (1981), »mehr als 168«[14] (1995) beziehungsweise »ungefähr 170«[15] (1999). Da sie schreibt, dass sie die einzelnen Ortsgruppen in Dokumenten, Broschüren und Briefen erwähnt fand, die Zahlenangaben also durch eine Art Sammeln der Ortsgruppen entstanden,[16] ist es wahrscheinlich, dass die letzte Angabe den neuesten Erkenntnissen entspricht.

Im Anhang der spanischen Ausgabe von Mary Nashs Buch »Mujeres Libres« befindet sich eine detaillierte Aufzählung aller Gruppen der Mujeres Libres. Darin werden sogar diejenigen Gruppen, die sich im Ausland gegründet haben, aufgezählt.[17]

Gründe für eine Frauenorganisation

Die Idee, innerhalb der anarchistischen Bewegung eine Frauenorganisation zu gründen, war auch unter den anarchistischen Frauen keineswegs unumstritten. Die bekannteste Gegnerin dieser Idee ist Federica Montseny, die im Herbst 1936 als CNT-Mitglied Ministerin für Gesundheit und Soziales – die erste Ministerin in Europa – in der katalanischen Regierung wurde; ebenso wie viele männliche CNT-Mitglieder war sie der Meinung, dass eine eigene Frauenorganisation nur zu Spaltungen führen könne und nicht notwendig sei, da mit der Abschaffung des Kapitalismus automatisch die Unterdrückung der Frauen verschwinden werde. Federica Montseny ging davon aus, dass sich in der angestrebten neuen Gesellschaft sowohl die Frauen als auch die Männer ändern müssten, so dass vorher keine Frauengruppe nötig sei, sondern die individuelle Anstrengung aller, sich und die Gesellschaft zu ändern.

Soledad Estorach berichtet über die Gründungsphase der »Grupo Cultural Femenino (CNT)«, dass sie keine älteren Anarchistinnen, die sich bereits einen Namen gemacht hatten und von den Männern anerkannt wurden, für die Idee einer Frauengruppe gewinnen konnten; deshalb konzentrierten sie sich auf die jüngeren Anarchistinnen.[18] Aber auch einige der jüngeren engagierten Frauen sahen keine Notwendigkeit, kollektiv für ihre Rechte als Frauen zu kämpfen – auch wenn sie dies heute anders beurteilen. So sagt Conxa Pérez, in den 30er Jahren Mitglied der FAI und der JJLL[19], heute:

> »Nein, ich war nicht aktiv in Organisationen wie Mujeres Libres. Heute sehe ich das anders, aber in jenem Augenblick hielt ich es nicht für notwendig, ich weiß nicht, ich dachte, dass wir die Sachen insgesamt verlangen müssten, dass man sie gemeinsam fordern müsste, Männer und Frauen. Denk dran, dass das in den Jahren der Republik war. Denk auch dran, dass die Kameraden, die Männer, nicht vorbereitet waren für diese Form der Kämpfe, sie fassten es alles sehr schlecht auf, naja, du weißt ja, wie sie sich jetzt anstellen! Sie verstehen es genauso wenig!«[20]

Die Mujeres Libres verfolgten eine doppelte Strategie: Sie setzten auf die individuelle Initiative der Frauen, boten ihnen dann jedoch ein Kollektiv als unterstützende Basis für ihre Befreiung.

»Ihre emanzipatorische Strategie stützte sich auf eine kollektive Fokussierung der Frauenunterdrückung. Deshalb hatten sie vor, eine Massenorganisation zu gründen, die auf den kollektiven Bedarf der Frauenemanzipation antwortete.«[21]

Die späteren Gründerinnen der Mujeres Libres empörten sich über die Herablassung oder Nichtbeachtung, die viele Frauen in der anarchistischen Bewegung erfuhren. Mercedes Comaposada zum Beispiel wurde 1933 von der CNT in Madrid gebeten, Kurse für die Arbeiter zu halten; nach kurzer Zeit musste sie diese Aufgabe jedoch wieder beenden, da einige der Anarchisten nicht von einer Frau gelehrt werden wollten.[22]

In der anarchistischen Zeitschrift Solidaridad Obrera veröffentlichte Lucía Sánchez Saornil im Herbst 1935 eine Artikelserie über den Umgang der Anarchisten mit der ›Frauenfrage‹ und den Frauen selbst; darin schildert sie zwei Beispiele männlicher Arroganz:

> »Ich habe mehrere Male Gelegenheit gehabt, mit einem Genossen zu sprechen, der mir ziemlich vernünftig erschien und der immer unterstrichen hat, dass die Mitarbeit der Frauen innerhalb unserer Bewegung notwendig sei. Auf einer Konferenz im Zentrum fragte ich ihn eines Tages: ›Und Deine Genossin, warum ist sie nicht mit zu dem Vortrag gekommen?‹ Die Antwort hat mich erstarren lassen: ›Meine Genossin hat genug damit zu tun, auf mich und meine Kinder aufzupassen.‹
>
> Neulich bin ich durch die Gänge des Gerichtshofes gegangen. Mit mir war ein Genosse, der einen wichtigen Posten innehatte. Aus einem der Säle kam eine Rechtsanwältin, vielleicht die Verteidigerin irgendeines Arbeiters. Mein Begleiter sah sie schräg an und murmelte, während er ein nachtragendes Lächeln aufsetzte: ›Zum Spülen würde ich solche schicken.‹«[23]

Lucía Sánchez Saornil kommt zu dem Schluss, dass den männlichen Anarchosyndikalisten – nicht dem Anarchosyndikalismus selbst – nicht viel an der Unterstützung durch die Frauen liegt. Unterstützung durch die Frauen, nicht der Frauen – während die Anarchisten nämlich wenig auf frauenspezifische Probleme eingingen und die Anarchistinnen zum Teil herablassend behandelten, suchten sie gleichzeitig nach Gründen, warum sich nicht mehr Frauen ihrer Bewegung anschlossen, sondern unpolitisiert blieben oder sich anderen Organisationen zuwandten.

Die anarchistische Bewegung mit ihren Bildungskursen und politischen Diskussionen trug jedoch nicht nur durch das herablassende Verhalten mancher Männer dazu bei, dass einige Frauen beschlossen, eine eigene Gruppe zu gründen, sondern gab auch positive Impulse, denn durch die Teilnahme in den anarchistischen Organisationen und den Ateneos[24] konnten die Anarchistinnen lernen, Selbstbewusstsein zu entwickeln und Netzwerke aufzubauen.

Die Gründung einer anarchistischen Frauengruppe sollte nicht eine Geschlechtertrennung zementieren, sondern für eine gewisse Zeit einen geschützten Rahmen für die Aktivitäten und die Entwicklung eines Selbstbewusstseins der Frauen bieten. Martha Ackelsberg betont: »The separation Mujeres Libres insisted on was strategic and temporary.«[25]

Neben den eher »kopf-bezogenen« Gründen, nämlich den Frauen Möglichkeiten zur Bildung und Ausbildung bereitzustellen und sie gleichzeitig für die anarchistische Bewegung zu gewinnen, sollte die Frauengruppe ihren Mitgliedern auch eine Art Gemeinschaft anbieten. Auf die Bedeutung der Kirche als Treffpunkt für die Frauen habe ich bereits hingewiesen; die Mujeres Libres erkannten, wie wichtig ein solcher Ort ist, und erreichten die Arbeiterfrauen nicht nur durch ihr Bildungsangebot, sondern auch durch die Möglichkeit, sich in den Räumen ungezwungen zu treffen. Zusätzlich sollten die Frauen durch die Frauensolidarität lernen, sich auch in der gemischtgeschlechtlichen Gesellschaft zu behaupten.

Zur Unterstützung dieses Zusammengehörigkeitsgefühls erfand die Gruppe Mujeres Libres sowohl eine eigene Fahne als auch eine Hymne; die Fahne war blau mit einem rot-schwarzen Streifen am Rand[26]; ein Zeichen sowohl der Autonomie der Gruppe als auch der Zugehörigkeit zur anarchistischen Bewegung (rot-schwarz sind die Fahnen der AnarchosyndikalistInnen). Die Hymne fand ich in der Zeitschrift Mujeres Libres Nr. 12 (Mai 1938; 39. Seite)[27]; die Musik ist von E. Sanginés, den Text schrieb Lucía Sánchez Saornil:[28]

Die Faust erhoben, Frauen von Iberien,
Hin zu lichtgeschwängerten Horizonten.
Auf brennenden Wegen,
Die Füße auf der Erde,
Die Stirn im Himmel.

Versprechen des Lebens bestätigend
Trotzen wir der Tradition,
Modellieren wir den warmen Ton
Einer Welt, die aus dem Schmerz entsteht.

Dass die Vergangenheit im Nichts versinke!
Was interessiert uns das Gestern!
Wir wollen von neuem
Schreiben das Wort »Frau«.

Vorwärts, Frauen von Iberien,
Mit der Faust zum Himmel erhoben.[29]
Auf brennenden Wegen,
Vorwärts, vorwärts
Mit dem Gesicht zum Licht.

Ziele

Langfristig war das Ziel der Mujeres Libres die Errichtung einer freien Gesellschaft, in der alle Frauen und Männer gleichberechtigt und selbstbestimmt leben können. Um dieser Gesellschaft näher zu kommen, setzten sich die Mujeres Libres zwei kurzfristige Ziele: die Frauen zu befähigen, sich selbst eine Meinung bilden zu können, politische Zusammenhänge zu verstehen, selbstbewusst Arbeiten zu ergreifen – und sie für die Ideen des Anarchismus zu begeistern. Diese beiden Bereiche werden im Spanischen mit der prägnanten Alliteration »captación« und »capacitación« bezeichnet (Gewinnung und Befähigung). Den Zusammenhang zwischen dem kurzfristigen Ziel der »capacitación« der Frauen und dem langfristigen Ziel einer freien Gesellschaft sahen die Mujeres Libres in der dadurch zunehmenden Reife der Menschheit:

> »[Die Zeitschrift Mujeres Libres ist] das Produkt unserer Anstrengung, und mit ihrer Publikation haben wir nicht irgendeine Art von Profit verfolgt, sondern wollen zur sozialen Befähigung der Frau beitragen mit Blick auf eine geistige Erhöhung der Menschheit.« (Mujeres Libres Nr. 2, Juni 1936, S. 7)

Wie die FrühsozialistInnen sind die Mujeres Libres davon überzeugt, dass sich Anarchismus und Feminismus gegenseitig bedingen und eine Verbesserung nicht für einzelne Bevölkerungsteile (zum Beispiel die Frauen), sondern für die gesamte Menschheit bringen.

Nach dem 19. Juli 1936 kam natürlich noch der Sieg über die Franquisten als dringendes Ziel dazu, in dessen Dienst dann auch die »captación« und »capacitación« gestellt wurden:

> »Kultur um der Kultur willen? Kultur abstrakt betrachtet? Nein. Die Befähigung der Frau mit einem unmittelbaren, dringenden Ziel: auf eine positive

> Art zu helfen, den Krieg zu gewinnen. [...] Sie befähigen für eine neue, gerechtere Gesellschaftsordnung und für eine neue, menschlichere Anschauung.« (Mujeres Libres Nr. 11, 1938, 34. Seite)

Nach einem Jahr ihres Bestehens, im April 1937, definieren die Mujeres Libres als ihr Ziel, »die Frauen geistig, kulturell und sozial zu bilden, sie von der Diktatur der Mittelmäßigkeit zu befreien, der sie unterworfen sind und der man sie weiterhin unterwerfen will«[30].

Immer wieder heißt das Hauptziel der Mujeres Libres, die Frau von ihrer dreifachen Sklaverei zu befreien: Erstens wird der Frau nicht gestattet, durch Bildung ein kritisches Bewusstsein auszubilden, das sie zu einem selbstverantwortlichen und überlegten Handeln befähigen könnte; zweitens wird sie in der patriarchalen Gesellschaft von der katholischen Kirche, dem Staat und ihrem Ehemann als Frau unterdrückt, und drittens wird sie als Angehörige der Arbeiterklasse ökonomisch von der herrschenden Klasse ausgebeutet. In der Satzung vom September 1937 heißt es:

> »Kapitel 1. Ziele.
> Artikel 1. Mit dem Titel der Nationalen Föderation der Mujeres Libres konstituiert sich in Spanien mit Sitz in Valencia, Straße de La Paz Nr. 29, 1. Stock, eine Organisation mit den folgenden Zielen:
> a) Eine bewusste weibliche und verantwortliche Kraft zu schaffen, die als Vorhut des Fortschritts handelt.
> b) Zu diesem Zweck Schulen, Institute, Konferenzkreise, spezielle Kurse etc. aufzubauen, die darauf abzielen, die Frau zu befähigen und sie von der dreifachen Sklaverei zu befreien, der sie unterworfen war und immer noch unterworfen ist: Sklaverei der Unwissenheit, Sklaverei der Frau und Sklaverei der Arbeiterin.
> Artikel 2. Um diese Ziele zu erreichen, wird sie als Organisation handeln, die sich politisch mit den allgemeinen Zielen der CNT und der FAI identifiziert, da ihr Streben nach der Emanzipation der Frau als oberstes Ziel hat, dass die Frau in die menschliche Emanzipation eingreifen kann, indem sie um ihre erworbenen Kenntnissen, bereichert mit ihren eigenen Eigenschaften, zur Struktur der neuen Gesellschaftsordnung beiträgt.«[31]

Um die Frauen davor zu schützen, dass Organisationen sie für ihre Zwecke instrumentalisierten, versuchten die Mujeres Libres, in ihnen einen kritischen Geist zu wecken. Einzelne Frauen aus den Mujeres Libres hielten Vorträge in den Städten und Dörfern, auch dort, wo es noch keine Mujeres Libres-Gruppe gab. Dadurch sollten die Frauen sowohl über bestimmte Themen informiert werden als auch – im noch »geschützten« Raum nur unter Frauen – lernen, sich eine eigene Meinung zu bilden und sich zu trauen, diese in einem größeren Rahmen auch zu äußern. In den Orten, in denen es noch keine Gruppe der Mujeres Libres gab, erhielten die Einwohnerinnen so Anregungen, wie sie selbst eine Gruppe gründen könnten. Zusätzlich schrieben die Mujeres Libres kleine Broschüren, in denen sie die Frauen aufforderten, sich zu organisieren, und erklärten, wie sie dies handhaben könnten.[32] Ob die Frauen im ländlichen Raum diese Anregungen aufnahmen und umsetzten, ist nicht bekannt. Zumindest scheinen sie sich für die Broschüren und Flugblätter der Mujeres Libres interessiert zu haben; Conchita Liaño Gil schreibt im Rückblick, dass in »den wenigen Orten«, in denen die Frauen noch nichts über die Mujeres Libres wussten, AnarchistInnen aus der CNT und FIJL die Broschüren der Mujeres Libres verteilten und häufig neue anforderten.[33] Bei diesen Leserinnen kann es sich jedoch genauso gut um die Anarchistinnen selbst handeln, also Frauen, die bereits in einer Form politisiert waren.

Nicht alle Frauen, die Mitglied der Mujeres Libres wurden, hatten jedoch so weitreichende Ziele; viele kamen einfach aufgrund des Bildungsangebots und zu den Ausbildungskursen. Dieses Phänomen war bei allen Frauenorganisationen ähnlich. Allerdings herrschte selbst unter den Gründerinnen nicht immer Konsens über die Ausmaße der Frauenbefreiung, die sie anstrebten, was sich zum Beispiel in der Zielsetzung zeigt, die Mercedes Comaposada im August 1938 nennt:

> »Unsere Einrichtung wurde geschaffen und aufrechterhalten mit dem Ziel, Frauen für das Heim und das öffentliche Leben zu befähigen. Besser gesagt, für die zukünftige Gesellschaft. Wer denkt, dies sei eine feministische Einheit, täuscht sich. Nein. Es ist einfach ein Zentrum, in dem die Frauen in allen Gebieten qualifiziert werden: kulturell, ökonomisch, gesellschaftlich... Nach unserem Verständnis liegt in dieser Vorbereitung die echte Befreiung der Frau in Spanien und in der Welt.«[34]

Da diese Äußerung in der Zeitschrift der CNT veröffentlicht wurde, ist es aber auch gut möglich, dass Mercedes Comaposada, in ihrer Funktion als Propagandasekretärin des Nationalkomitees, die männlichen Anarchisten beschwichtigen wollte – denn kurz darauf beantragten die Mujeres Libres, der vierte offizielle Zweig der spanischen anarchistischen Bewegung zu werden.

Theorie und Praxis

Aus mehreren Gründen besaßen die Mujeres Libres nicht eine Theorie: Zum einen lehnten sie als Anarchistinnen bewusst eine Vereinheitlichung ihrer Sicht auf die Welt und deren Veränderung ab, und ließen unterschiedliche Meinungen nebeneinander stehen. Zum anderen kann aufgrund der Dezentralisierung nicht klar entschieden werden, welche Meinung zu welchem Thema wann am verbreitetsten war. Und schließlich reagierten die Mujeres Libres auf die historische Situation: Nach dem Ausbruch des Bürgerkriegs setzten sie ihre Priorität darauf, den Faschismus zu besiegen und die Revolution fortzusetzen. Dabei konzentrierten sie sich auf die praktische Arbeit und verbrachten wenig Zeit damit, eine umfassende Theorie zu entwickeln. Die Themen wurden praxisorientiert diskutiert, wenn ein bestimmtes Problem gelöst werden musste.

Die Abkehr von der Erarbeitung größerer Theoriezusammenhänge erklären die Mujeres Libres in ihrer Zeitschrift:

> »Aber die Taktik von gestern – wir haben es bereits gesagt – nutzt uns nichts. Wir können nicht länger mehr oder minder riskante Theorien aufstellen. Es ist auch nicht mehr die Zeit, mit Theorien zu jonglieren, während wir einen weit entfernten Horizont betrachten. Heute müssen wir tatkräftig sein und mit der Realität arbeiten, deren Gehalt dunkel bleibt. Diese Taten, diese Realitäten sind es, die jenes Bewusstsein bilden sollen, das wir anstreben.« (Mujeres Libres Nr. 5, 65. Tag der Revolution, 2. Seite)[35]

Als einzige übergreifende Theorie entwickelten die Mujeres Libres die des »doppelten Kampfes« (la doble lucha): Weder allein die Befreiung der Frauen noch allein die der Arbeiterklasse führen in eine freie Gesellschaft, deshalb sei die Verbindung der beiden Befreiungskämpfe unerlässlich für eine wirkliche soziale Revolution. Da nur die Frauen selbst sich befreien können – genau wie die Arbeiterklasse sich nur selbst befreien kann –, müssen die Frauen zwei Kämpfe in Angriff nehmen: einen, gemeinsam mit den Männern, gegen den wirtschaftlich ausbeutenden und politisch unterdrückenden Staat und einen allein, gegen die patriarchalen Strukturen. Das Schwierige an letzterem ist, dass sie damit nicht (nur) gegen einen »äußeren« Feind kämpft:

> »Die revolutionäre Frau [...] muss auf zwei Gebieten kämpfen: zunächst für ihre äußere Freiheit, in welchem Kampf sie den Mann als Verbündeten für dieselben Ideale hat, für dieselbe Sache; aber außerdem muss die Frau für ihre eigene Freiheit kämpfen, die der Mann schon seit Jahrhunderten genießt. Und in diesem Kampf ist die Frau allein.« (Ilse: La doble lucha de la mujer. In: Mujeres Libres Nr. 7, 8. Monat der Revolution, 8. Seite)

Das Schwierige daran ist, dass die Frau gegen die Tradition ankämpfen muss, die sie selbst, aber auch die Menschen ihrer Umgebung internalisiert haben, sie muss die bequeme Gewohnheit überwinden, und dabei kann ihr nichts außer der Freiheitsliebe helfen.

Da die Einstellungen der Mujeres Libres so eng mit ihrer praktischen Arbeit zusammenhängen, erscheint es mir sinnvoll, die Ideen gleich mit deren Umsetzung zusammen vorzustellen. Die Aktivitäten der Gruppe habe ich in vier Bereiche unterteilt, und zwar gegliedert nach den Zielen, die die Mujeres Libres mit den einzelnen Aufgaben erreichen wollten. Ihre Hauptaufgabe sah die Gruppe in der Befreiung der Frau, und die wichtigste Bedingung für die Beendigung ihrer Unterdrückung sah sie in der ökonomischen Unabhängigkeit, wozu diverse Voraussetzungen erfüllt sein müssen. Um die Gesellschaft zu revolutionieren, legte die Gruppe auch viel Wert auf eine veränderte Kindererziehung und Pädagogik. Eine weitere ganz spezielle Aufgabe gingen die Mujeres Libres an, indem sie sich um die Prostituierten kümmerten. Diese Zielsetzungen wurden weitgehend noch vor dem Bürgerkrieg entwickelt; während des Bürgerkriegs unterstützten die Frauen die republikanische Seite auf verschiedene Weise.

Die Beschreibung der Aktivitäten der Mujeres Libres findet sich in ihrer Zeitschrift; andere Belege gibt es nicht. Nun ist bekannt, dass in eigenen Publikationen gerne die Bedeutung der eigenen Handlungen als größer dargestellt wird, als sie ist – doch ich glaube nicht, dass wir die Darstellung der Mujeres Libres deshalb verwerfen müssen. Möglich ist allenfalls, dass sie in dem einen oder anderen Fall die Anzahl Beteiligter oder die positive Resonanz in der Bevölkerung übertreiben. Ab Mujeres Libres Nr. 8 sind so viele der Aktivitäten, die die Ortsgruppen der Mujeres Libres durchführten, aufgezählt, dass der Verdacht einer reinen Erfindung beiseite gelassen werden kann.

Die Befreiung der Frau

Nach der feministischen Überzeugung der Mujeres Libres konnte es nur zu einer Befreiung der Frauen kommen, wenn diese ihre Emanzipation selbst in die Hand nahmen. Die Mujeres Libres sahen sich nicht als Kaderpartei, die die Frauenbefreiung durchführt, sondern als eine Art Katalysator, der die Frauen anstößt und mit den Mitteln versorgt, die sie zu ihrer selbständigen Befreiung benötigen. Die beiden grundlegenden Dinge, die der durchschnittlichen Arbeiterfrau 1936 fehlten, waren Bildung und Arbeit.

Eine elementare Bildung sahen die Mujeres Libres einerseits als notwendig für die Frauen an, um in besser bezahlte Arbeitsverhältnisse treten zu können, andererseits war die Kultur nach ihrem Verständnis ein Instrument der sozialen Revolution.[36] Zur Realisierung dieser Fundamentalziele entwickelten die Mujeres Libres ein breitgefächertes Spektrum von Bildungs- und Ausbildungsangeboten, von sozialen Hilfen und kooperativen Verbindungen. Die Breite und Neuartigkeit des Angebots beeindruckt vor allem vor dem Hintergrund, dass es in weniger als drei Jahren aufgebaut wurde. Dies scheint mir ein zusätzlicher Beleg dafür zu sein, dass es der Gruppe mit ihren emanzipatorischen Zielen und Praxisansätzen gelang, zu einem lebendigen und relevanten Teil der sozialen Bewegung zu werden.

Der erste Praxis-Schwerpunkt der Mujeres Libres lag auf Bildungsangeboten für Frauen; das Ziel war, die hohe Analphabetenrate unter den spanischen Frauen zu verringern ebenso wie den Frauen ein Grundwissen in Mathematik, Geographie, Fremdsprachen und Politik beizubringen. Es ging ihnen also nicht darum, Mittelschichtsfrauen, die bereits eine gewisse Vorbildung in ihrer Erziehung genossen hatten, mit Wissen als Selbstzweck auszustatten, sondern sie wollten den weniger gebildetsten Frauen der Unterschicht Bildung als Werkzeug zur Verbesserung ihrer Situation mitgeben:

> »Es gibt viele Frauen, die, durch die Not zur Dienerschaft gewungen, nicht einmal die elementarsten Kenntnisse erlangen konnten. Diese Kameradinnen sind uns am liebsten; die Fähigsten unter uns werden ihr größtes Interesse aufwenden, um sie zu unterrichten.« (Mujeres Libres Nr. 7, 8. Monat der Revolution, 11. Seite)

In Madrid und Valencia gab es dafür die Institute Mujeres Libres, in Barcelona das »Casal de la Dona Treballadora«, während in den anderen Städten und Dörfern auch oft die Gewerkschaftshäuser der CNT oder die Ateneos dafür genutzt werden konnten. In Mujeres Libres Nr. 11 annonciert die Gruppe in Barcelona die folgenden Bildungs- und Ausbildungsangebote im »Casal de la Dona Treballadora«:

> »ELEMENTARUNTERRICHT (Analphabetinnen und drei Stufen)
> Lesen, Schreiben, Grundkenntnisse der Arithmetik, Geographie, Grammatik, natürliche Phänomene.
> ERGÄNZUNGSUNTERRICHT ZUR GRUNDBILDUNG
> Weltgeschichte, Französisch, Englisch, Russisch, Maschineschreiben, Stenographie.
> ERGÄNZENDER BERUFSUNTERRICHT
> Krankenschwestern, Kindergärtnerinnen (mit den dazugehörigen Praktika in Krankenhäusern und entsprechenden Orten), Ingenieure (Mechanik, Elektrizi-

tät, Handel), Zuschneidung und Anfertigung von Kleidung, Grundkenntnisse der Landwirtschaft und Geflügelzucht, mit den entsprechenden Praktika.
GESELLSCHAFTLICHE BILDUNG
Kurse der gewerkschaftlichen Organisation, Soziologie, Grundkenntnisse der Wirtschaft, wöchentliche Vorträge zur Erweiterung der Allgemeinbildung.«
(Mujeres Libres Nr. 11, 1938, 35. Seite)

In der Zeitschrift CNT erschien im Dezember 1937 eine Bekanntmachung, dass Mujeres Libres ein neues Zentrum in Madrid eröffnete, in dem folgende Bildungskurse angeboten wurden: Arithmetik, Grammatik, Literaturgeschichte, Geometrie, Geographie, Geschichte, Buchführung, Naturwissenschaften, Anatomie, Physiologie, Sprachen, Zeichnen. Außerdem konnten dort folgende Berufe erlernt werden: Landwirtin, Kindergärtnerin, Krankenschwester; es gab eine Ausbildung zur Sekretärin ebenso wie Kurse in Schreibmaschine, Stenografie und Redaktion.

Zur praktischen Ausbildung unterhielten die Mujeres Libres eigene Werkstätten, in denen die Frauen ihren Beruf erlernten und dann dort auch weiterarbeiten konnten. Andere Frauen wurden nach ihrer Ausbildung an Betriebe weitervermittelt. In Madrid hatten die Mujeres Libres Schulen für folgende Tätigkeiten: Transport, Mechanik, Gastronomie, Zuschneidung und Anfertigung von Kleidung und Propaganda.[37]

Technische und berufsvorbereitende Schulen unterhielten die Mujeres Libres nicht nur in den Städten, sondern auch auf dem Land, wobei detaillierte Informationen über die Aktivitäten in den entlegeneren Gebieten kaum vorhanden sind. Bekannt ist aber zum Beispiel, dass in Ciudad Libre (»Freie Stadt« – diesen Namen hatten die Revolutionäre dem früheren Ciudad Real (Königliche Stadt) gegeben) ein Landwirtschaftskollektiv und die Grundschulen für Kinder und Erwachsene mit großer Beteiligung der Mujeres Libres gegründet wurden.[38]

Um den Frauen mehr Berufsmöglichkeiten zu erschließen, eröffneten die Mujeres Libres in Madrid die erste Fahrschule für Frauen.[39] In Barcelona und Madrid gründeten sie einen Gewerkschaftsverband für die 15.000 Arbeiterinnen der Bereiche Lebensmittelversorgung und öffentliches Verkehrswesen.[40]

Auch um die Rahmenbedingungen der Berufstätigkeit von Frauen kümmerten sich die Mujeres Libres. Die Frauenerwerbstätigkeit wurde im Normalfall nicht nur durch die fehlende Qualifikation der Frauen, die schlechtere Bezahlung und den Unwillen der Betriebe, Frauen einzustellen, behindert, sondern ohne eine Möglichkeit der Kinderbetreuung konnten

Arbeiterfrauen nicht außer Haus arbeiten, und auch die Verpflegung aller Familienmitglieder musste gesichert sein. Deshalb eröffneten einige Gruppen der Mujeres Libres Kindertagesstätten und Volks-Speiseräume[41] beziehungsweise forderten andere Organisationen auf, diese bereitzustellen. (Mujeres Libres Nr. 12, Mai 1938, 27. Seite)

In der immer prekärer werdenden Kriegssituation organisierten die Mujeres Libres Ferienkolonien für die Kinder, damit sich die Mütter voll der Arbeit widmen konnten. In diesen »Ferienkolonien auf dem Land und am Meer« wurden die Kinder durch geflüchtete Frauen, Bäuerinnen und arbeitslose Fabrikarbeiterinnen betreut, die vorher in den Kursen der Mujeres Libres dazu ausgebildet wurden. (Mujeres Libres Nr. 13, Oktober 1938, 9. Seite)

Kindererziehung

Da die Mujeres Libres die Bedeutung der Sozialisierung als hoch einschätzten, legten sie großen Wert auf eine fortschrittliche Kindererziehung. Diese setzte schon vor der Geburt des Kindes an; es gab nämlich Kurse zur »bewussten Mutterschaft«, in denen den werdenden Müttern ihre Bedeutung für die spätere Entwicklung ihrer Kinder gezeigt wurde. Dort wurde den Frauen vermittelt, dass Kindererziehung nicht nur bedeutete, sie mit Essen und Kleidung zu versorgen, sondern auch, die Kinder als eigenständige Menschen zu begreifen und in ihnen den Grundstein für ein selbständiges und eigenverantwortliches Denken zu legen. Die Kinder sollten gefördert, keineswegs aber manipuliert werden,[42] auch nicht für die »gerechte Sache« benutzt werden. Mit dieser Sicht der Bedeutung der kindlichen Erziehung und Sozialisation nahmen die Mujeres Libres meines Erachtens – wenn auch kaum in Zitaten belegbar – inhaltlich Bezug auf die damalige moderne Psychologie, d.h. vor allem auch die Psychoanalyse, in der die Bedeutung der frühen Kindheitserfahrungen für die Entwicklung einer autonomiefähigen Persönlichkeit aufgezeigt wird.

Aber nicht nur die Erziehung im Haus, sondern auch das Lernen in der Schule sollte den neuen Erfordernissen angepasst werden. In der Zeitschrift Mujeres Libres geht es immer wieder um eine fortschrittliche Schulerziehung und eine freie Pädagogik. In der Schule sollen die Kinder nicht einen vorgefertigten Wissens- und Wertekanon auswendig lernen und zu Gehorsam erzogen werden, sondern es geht darum, das Interesse und die Leidenschaft der Kinder zu wecken; das Lernen soll keine Qual sein. Dabei soll auch auf Notengebung verzichtet werden. Die Lehrenden sollen nicht dozieren, sondern den Kindern praktische Beispiele und Inhalte in der Natur zeigen. (Mujeres Libres Nr. 9, 11. Monat der Revolution, 10. Seite) Als ein Vorbild wird die Schulreform in Mexiko vorgestellt, die unter anderem zu der Einführung einer Freiluftschule geführt hat. (Mujeres Libres Nr. 3, Juli 1936; S. 4/5)

Die Mujeres Libres legten so viel Wert auf eine veränderte Pädagogik, da diese die Grundlage der Gesellschaft sei. Deshalb sei es auch für die Arbeiterorganisationen wichtig, neue LehrerInnen zu schulen und nicht auf die bürgerlich-kapitalistischen zurückzugreifen. (Mujeres Libres Nr. 10, 2. Jahr der Revolution, 24. Seite) »Ein neues, total neues Leben muss vorbereitet werden.« (Mujeres Libres Nr. 13, 16. Seite) Dafür muss nicht nur auf Indoktrination, dunkle, bedrückende Gebäude und strenge Lehrende verzichtet werden, sondern die Idee der Schule muss verändert werden: Sie soll nicht mehr vom Leben abgetrennt sein, denn bis dahin lernten die Kinder neben der Ideologie der gerade herrschenden Gesellschaftsform fast nur unbrauchbare, theoretische Dinge. (Mujeres Libres Nr. 5, 65. Tag der Revolution, 3./4. Seite) Stattdessen sollen Wissen und Erziehung mitten im Lebensprozess der Kinder vermittelt werden. Damit greifen die Mujeres Libres Ansätze der ganzheitlichen Reformpädagogik der 20er Jahre auf.

Ein weiteres Projekt der Mujeres Libres sollte arme Arbeiterkinder, die zum Beispiel im »barrio chino« (dem Rotlichtviertel am Hafen von Barcelona) wohnten und keine Kindheit hatten, aus ihrer Umgebung befreien, Kindergärten für sie gründen und dort neue Frauen und Männer schaffen. (Mujeres Libres Nr. 11, 1938, 48. Seite)

Auch die Freizeitgestaltung der Kinder soll von dem bürgerlichen Anstandsideal befreit werden, das gemeinsames Spielen von Mädchen und Jungen verbot. So treten die Mujeres Libres nicht nur für die Koedukation in der Schule, sondern auch für die Aufhebung der Geschlechtertrennung in der Freizeit ein.[43] (Mujeres Libres Nr. 6, 21. Woche der Revolution, 2. Seite) Schon von klein auf sollen die Kinder ein freies Verhältnis zu ihrem Körper entwickeln.

Kampf gegen Prostitution

1931 hatte die Regierung ein Gesetz zum Verbot von Prostitution erlassen, das jedoch eher als Gesetz gegen Prostituierte als gegen die Prostitution interpretiert werden kann, da es die Ausübung der Prostitution verbot und die Prostituierten bestrafte, ohne sich um die sozialen Hintergründe zu kümmern, die zu der Prostitution geführt haben könnten. Durch die schlechte wirtschaftliche Lage der ArbeiterInnen, die hohe Arbeitslosigkeit und die niedrigen Löhne sahen sich viele Frauen gezwungen, auf diese Art und Weise zum Überleben ihrer Familie beizutragen; für viele Frauen war die Prostitution auch ein gelegentlicher Nebenerwerb, wenn sie in ihrem regulären Arbeitsplatz nicht genug verdienten. Die Mujeres Libres sahen, dass durch das bloße Verbot der Prostitution das eigentliche Problem nicht gelöst wurde; die Frage war für sie nicht, wie man die angeblich unmoralischen Frauen daran hindert, dieser Tätigkeit nachzugehen, sondern vielmehr, welche sozialen Missstände die Frauen dazu brachten, sich zu prostituieren. Ganz entschieden lehnten die Mujeres Libres die bürgerliche Moral ab, nach der die Prostituierte ein schlechter Mensch, eine Verbrecherin sei, der Freier jedoch ungestraft davonkommt und auch nicht für unmoralisch gehalten wird. Für die Mujeres Libres waren die Prostituierten gesellschaftlich und existentiell Marginalisierte und keine Verbrecherinnen, weshalb sie zu Beginn des Bürgerkriegs viel Zeit und Energie investierten, um »Liberatorios de Prostitución« (»Häuser zur Befreiung von der Prostitution«[44] oder »Rehabilitations- und soziale Reintegrationszentren«[45]) zu organisieren. In diesen Räumen konnten ehemalige Prostituierte schlafen, und es gab ein umfassendes Angebot, um die sozialen Faktoren zu beseitigen, die die Frauen in die Prostitution zwangen:

> »a) ärztliche Untersuchung und Behandlung.
> b) ökonomische und ethische Unterstützung, um in diesen Zufluchtsorten ein Gefühl für Verantwortlichkeit entstehen zu lassen,
> c) berufliche Orientierung und Ausbildung,
> d) moralische und materielle Hilfe, wann immer diese Frauen sie nötig haben werden, auch nachdem sie sich von den ›Liberatorios‹ unabhängig gemacht haben.«[46]

Unterstützung der Front

Für die Mujeres Libres wurde die Kriegshilfe immer wichtiger; um den Krieg zu gewinnen, stellten sie dabei ihre eigenen Wünsche zurück und nahmen sich trotz ihrer feministischen Einstellung vor allem der traditionell weiblichen Aufgaben an.

In der Selbstbeschreibung aus der letzten Ausgabe ihrer Zeitschrift nimmt die Kriegsunterstützung der Mujeres Libres den größten Raum ein:

> »In den unterschiedlichen Arbeitsbereichen der Mujeres Libres wurden folgende herausragende Projekte verwirklicht: Im kulturellen Bereich, durch die Schulen, Kurse und diversen Klassen, die von allen Gruppen organisiert werden. Im Bereich der Kriegsunterstützung, indem sie Arbeitsgruppen von Kran-

kenschwestern den Krankenhäusern der Vorhut und der Etappe zur Verfügung stellen, ebenso wie Kindergärtnerinnen für die Aufsicht der Kinder, deren Mütter ihren aktiven Beitrag zum Kampf leisten; indem sie tatkräftig Arbeitsplätze besetzen, die die Kämpfer verlassen haben, Brigaden von Genossinnen organisieren für die Feldarbeit etc. Im Bereich der Solidarität gegenüber den Kämpfern, die sich nicht auf kleine materielle Gefälligkeiten beschränkt, sondern die vor allem in einem tiefen Sinn des Verständnisses des Opfers unserer Kämpfer wurzelt und in der Verteidigung der wahren Sache, der jene ihr Leben opfern, von der Etappe aus.« (Mujeres Libres Nr. 13, Oktober 1938, 13. Seite)

Während zu Beginn des Bürgerkriegs auch einige Frauen der Mujeres Libres als »Milicianas« an die Front gingen – es gab sogar eine Kolonne »Mujeres Libres« –, konzentrierte sich die Gruppe nach der Umwandlung der republikanischen Milizen in ein reguläres Heer auf unterstützende Tätigkeiten. Es wurden Brigaden gebildet, die an die Front gingen, um dort die Wäsche der Kämpfer zu waschen, zu nähen und zu bügeln;[47] ebenso gab es eine Arbeitsbrigade, die für den Transport der Post zwischen der Front und dem Hinterland zuständig war.[48] Auch ideell leisteten die Mujeres Libres Unterstützung, indem einzelne Gruppen an die Front fuhren, um sich mit den Kämpfern zu unterhalten, wie auch durch Briefkontakt.

Zur Unterstützung der Front gehörte auch, im Hinterland für die Steigerung der Produktivität zu kämpfen. Die Mujeres Libres wenden sich in ihrer Zeitschrift immer wieder gegen die Zeit- und Kräfteverschwendung, die durch mangelhafte Organisierung des Lebens im Hinterland entstand. Seit der Nummer 4 (65. Tag der Revolution) äußern die Autorinnen mehrere Vorschläge zur Vermeidung des Schlangestehens – das war ein ernsthaftes Problem, da vor allem die Frauen halbe Tage in den Lebensmittelschlangen verbrachten und in dieser Zeit nicht für den Sieg über den Faschismus tätig werden konnten. Ein Vorschlag der Mujeres Libres ist es, den Lebensmittelgeschäften mitzuteilen, wie viele Menschen in der Nachbarschaft mit Ware versorgt werden müssen; so kann der Händler beziehungsweise die Händlerin das Essen gerecht aufteilen und den KundInnen die Uhrzeit sagen, wann sie jeweils ihren Anteil abholen können. (Mujeres Libres Nr. 4, 65. Tag der Revolution, 2. Seite) Ein paar Monate später, in der Nummer 6 (21. Woche der Revolution, 2. Seite) bringen die Mujeres Libres einen neuen Vorschlag: Von hundert in der Schlange wartenden Frauen schreiben sich zwanzig die Namen und Adressen der übrigen auf, so dass diese achtzig Frauen in der Zwischenzeit etwas Sinnvolleres tun können als zu warten.

Auch über eine größere Effektivität in der Landwirtschaft machen sich die Mujeres Libres Gedanken; in der Nummer 13 vom Oktober 1938 rufen sie die Bäuerinnen dazu auf, die landwirtschaftliche Produktion zu verdoppeln, indem sie Technik und Kenntnisse der Ökonomie und Agronomie (Landwirtschaftswissenschaft) einsetzen. Dazu sollen sie in Gruppen arbeiten, in denen je zwei oder drei Frauen sind, die diese Kenntnisse vorher in den Kursen der Mujeres Libres (Ackerbau, Geflügelzucht und ländliche Verwaltung) erworben haben. Mit dieser Methode sei es bei geringerer Anstrengung möglich, einen größeren Ertrag zu erzielen. (Mujeres Libres Nr. 13, Oktober 1938, 12. Seite)

Die Lebensmittelknappheit in den Städten und die geringe Anzahl funktionierender Waffen führten dazu, dass die Gruppe ihre Prioritäten auf die landwirtschaftliche Arbeit und die in der Kriegsindustrie setzte. So betonten die Mujeres Libres in einer Ausstellung, die sie in Barcelona im Sommer 1938 über ihre Aktivitäten zusammenstellten, ihre kriegsrelevanten Tätigkeiten – statt wie zu Anfang ihres Bestehens die zur Befreiung der Frau: »[...] die vier Hauptaspekte der Aktivitäten von Mujeres Libres: Mutterschaft, Feld, Industrie, Lehre.« (Mujeres Libres Nr. 13, Oktober 1938, 23. Seite)

Die Zeitschrift »Mujeres Libres«

Die Mitglieder der Mujeres Libres sahen ihre monatliche Zeitschrift Mujeres Libres als Organ, das in mehrfacher Weise die sozialen und kulturellen Ziele der Gruppe fördern sollte: Die Zeitschrift sollte Frauen für den Anarchismus gewinnen, für eine intellektuelle Fortbildung der Leserinnen sorgen und schließlich als Organ für Informationen über die Aktivitäten der einzelnen Mujeres Libres-Gruppen dienen.[49]

Mujeres Libres sollte monatlich erscheinen, was aber wegen der Kriegsereignisse nicht mehr eingehalten wurde. Die ersten drei Nummern erschienen noch vor dem Bürgerkrieg, und zwar Nummer 1 im Mai, Nummer 2 im Juni und Nummer 3 im Juli 1936. Die Ausgaben Nummer 4 bis 7 sind nicht numeriert und haben als Datumsangabe nicht mehr unsere Jahresrechnung »nach Christus«, sondern eine Zählung nach der Revolution: Nummer 4 erschien am 32. Tag der Revolution (also am 20. August 1936), Nummer 5 am 65. Tag der Revolution (22. September 1936), Nummer 6 in der 21. Woche der Revolution (das wäre im Dezember 1936; das Archiv in Salamanca gibt jedoch den November als Erscheinungsmonat an mit dem Hinweis, das Datum sei aus historischen Fakten abgeleitet worden[50]). Nummer 7 erschien im 8. Monat der Revolution (Februar 1937). Die Ausgaben Nummer 8 bis 13 sind wieder numeriert, wobei bei den Nummern 8 bis 10 die Datumsangabe in Revolutionszählung beibehalten wurde: Nummer 8 erschien im 10. Monat der Revolution (Mai 1937), Nummer 9 im 11. Monat der Revolution (Juni 1937) und Nummer 10 im 2. Jahr der Revolution (am oder nach dem 19. Juli 1937). Nummer 11, wegen der Farbe des Titelblatts »Revista azul« (blaue Zeitschrift) genannt, hat keine Angabe des Erscheinungsdatums[51], Nummer 12, die »Revista blanca« (weiße Zeitschrift), erschien im Mai 1938 und Nummer 13, die »Revista verde« (grüne Zeitschrift) im Oktober 1938. In ihrer Bibliographie geben die Mujeres Libres an, dass 1939 eine 14. Nummer bereits im Druck war.[52]

Die drei Vorkriegsnummern und die drei letzten Ausgaben sind als Zeitschriften geheftet, während Mujeres Libres Nr. 4 bis Nr. 10 im Zeitungsformat lose ineinander gelegt sind, was dazu führte, dass die genaue Anzahl und die Erscheinungsdaten der Zeitschrift nicht eindeutig geklärt sind; einzelne lose Blätter könnten sowohl eine eigene Nummer darstellen als auch zu einer anderen Nummer gehören.[53]

Außerdem geben die Mujeres Libres-Mitglieder an, zwischen 1934 und 1936 seien vier Zeitschriften und zwei »sumarios« (Zusammenfassung, kurze Darstellung, Sammlung) veröffentlicht worden[54] – die Zeitschriften sind die numerierten oder datierten Ausgaben der Zeitschrift Mujeres Libres; über die beiden »sumarios« habe ich jedoch nichts weiter gefunden.

Abgesehen von der Zeitschrift gaben die Mujeres Libres auch einzelne Texte, Abhandlungen zu bestimmten Themen und Gedichtbände ihrer Mitglieder heraus.[55] Zusätzlich zu Mujeres Libres hatte die Gruppe vor, eine weitere Zeitschrift herauszugeben; sie sollte »Luchadoras« (Kämpferinnen) heißen, in einfacher Sprache geschrieben sein und sich an die Arbeiterfrauen richten. Dieses Projekt kam jedoch nie zustande, wobei die Mujeres Libres als Grund die fehlende finanzielle Unterstützung der CNT angeben.[56] José Peirats nennt jedoch in seiner Bibliographie als Organ der Mujeres Libres die Zeitschrift »Luchadoras«, ohne die Zeitschrift Mujeres Libres zu erwähnen.[57] Auch die ehemaligen Mujeres Libres-Mitglieder, die 1999 alte Mujeres Libres-Artikel, aber auch ihre eigenen Erinnerungen an die Zeit herausgaben, wunderten sich über die Angabe von Peirats (»Luchadoras. Organ der Mujeres Libres von Madrid«), kommen aber zu folgendem Schluss: »Diese Publikation nimmt José Peirats in »La CNT en la Revolución Española«, Band 2, Paris, Ruedo Ibérico, 1971, S. 113 auf. Wir nehmen an, dass diese Veröffentlichung in den vierzehn erwähnten Zeitschriften inbegriffen ist.«[58]

Eine weitere Aktivität der Mujeres Libres im Bereich von Publikationen und Büchern war die Unterhaltung eines Kioskes in Barcelona:

> »Es wurde jede Sorte von Presse verkauft, neben der libertären: La Soli, Noticias, La Vanguardia und Mañana. Die Wochenzeitschriften Umbral, Tierra y Libertad und Alianza. Die wunderschöne Zeitschrift Mujeres Libres, das Album Comas y Letras, Vivienda und eine ausgedehnte Auswahl an sozialen Büchern, Literatur, Wissenschaften etc.«[59]

Außerdem wurden dort die Bücher und Broschüren von Mercedes Comaposada, Lucía Sánchez Saornil, Etta Federn, Amparo Poch y Gascón, Carmen Conde, Federica Montseny und anderen verkauft.[60]

Die Artikel in der Zeitschrift Mujeres Libres sind zum Teil namentlich gekennzeichnet; bei den Autorinnen handelt es sich um bekanntere Frauen der Gruppe wie die drei Gründerinnen[61], weiter um »einfache« Mitglieder, die zum Beispiel ihre Revolutionserfahrung oder ihre Arbeit schildern und nur mit Vornamen unterzeichnen, und schließlich um Nichtmitglieder wie die in den USA aktive Anarchistin Emma Goldman, die immer wieder Artikel für die Mujeres Libres schrieb und auf ihren Vortragsreisen die Gruppe lobend erwähnte. Andere Texte, die keine Unterschrift tragen, scheinen vom Redaktionskollektiv erarbeitet oder zumindest abgestimmt worden sein.

In der Zeitschrift kommen mitunter sich widersprechende Meinungen zum Ausdruck. Diese fehlende Einheitlichkeit zeigt, dass die Gruppe keine Dogmen hatte, denen alle Mitglieder widerspruchslos beipflichten mussten. Ich habe bereits darauf hingewiesen, dass die Mujeres Libres nicht von einer oder mehreren herausragenden Persönlichkeiten dominiert wurden – so wie zum Beispiel die kommunistische Frauengruppe durch Dolores Ibárruri –, sondern, trotz Unterschiede in der Wichtigkeit einzelner Frauen für die Gruppe, vor allem als Kollektiv auf der Grundlage gemeinsamer Überzeugungen agierten und auch gesehen wurden.

Gemäß ihrem Anspruch, in den Frauen ein Selbstbewusstsein – als einzelnes Individuum, aber auch als Kollektiv der Frauen – zu wecken, stellen die Redakteurinnen revolutionäre Frauen der internationalen Geschichte vor: die Aktivitäten der Frauen in der französischen Streikbewegung (Mujeres Libres Nr. 3, Juli 1936), der russischen Revolutionärin Vera Figner

(Mujeres Libres Nr. 7, 8. Monat der Revolution) und von Voltairine Cleyre (Mujeres Libres Nr. 8, 10. Monat der Revolution). Nach dem Militärputsch berichteten sie – aufgrund der revolutionären Situation verständlich – über die aktuelle politische, militärische und wirtschaftliche Lage; jedoch auch schon in den drei Vorkriegsausgaben informierten sie die Leserinnen über aktuelle Politik (den Abessinienkrieg in der Nr. 1, die englischen Interessen in Äthiopien in der Nr. 2, Streiks andalusischer Arbeiterinnen in der 3. Ausgabe).

In mehreren Artikeln erläutern die Autorinnen ihr Geschichtsbild. So schreiben sie in Mujeres Libres Nr. 2 von den vier Revolutionen: Die erste sei die Luthers (die Reformation), die zweite die der Menschenrechte (die Französische Revolution), die dritte die kommunistische Utopie und das russische Experiment (die Oktoberrevolution) und die vierte, die noch kommen werde, sei »unsere«. Es bleibt offen, ob sich das auf die Gruppe und die Leserinnen als Frauen oder auf die Revolution, die zur Befreiung der Menschheit führt, bezieht. In der gleichen Ausgabe befindet sich jedoch eine vernichtende Kritik der »bürgerlichen Demokratie«, in der die Mujeres Libres eine republikanische Frauengruppe kritisieren, die lediglich die Gleichberechtigung der Frau innerhalb der bestehenden Strukturen forderte. Der Kommentar der Mujeres Libres dazu – »Irgendwann haben wir an anderer Stelle bereits gesagt, dass die Mission der Frau nicht darin besteht, um Gesetze zu bitten, sondern mit allen Geboten zu brechen.« (Mujeres Libres Nr. 2, Juni 1936, S. 1) – weist daraufhin, dass sie mit der vierten Revolution wahrscheinlicher eine allgemeine Revolution meinten.

In der 3. Ausgabe erklären sie den historischen Hintergrund der bürgerlichen Sexualmoral (Frauen müssen treu und monogam leben, während Männern Seitensprünge zugestanden werden.): Damit die Männer an ihre eigenen Kinder Besitz vererben könnten, müsste sichergestellt werden, dass die Frauen nicht nebenher mit anderen Männern schliefen. Dazu wurden die Frauen von der Produktion ausgeschlossen und mussten sich im Haus um die Reproduktionsarbeit kümmern, so dass sie keine außerfamiliären Kontakte mehr hatten.

Im selben Artikel propagieren sie die »Freie Liebe« (Amor Libre) und fordern ihre Leserinnen auf, nicht wegen eines Kindes eine Beziehung weiterzuführen, in der keine Liebe mehr ist. Die Mujeres Libres distanzieren sich jedoch von der anarchistischen »männlichen« Auffassung von Freier Liebe, die zwar theoretisch das Aufbrechen der bürgerlich-christlichen Moral (geschlechtsspezifische Doppelmoral, Treuegelübde bis in den Tod) beinhaltet, in der Praxis jedoch häufig als »sexuelle Beziehungen mit wechselnden Partnerinnen« missverstanden wird. Die sexuelle Freiheit ist aber nur ein kleiner Teil der Freien Liebe, welcher die Mujeres Libres das Erlernen der »Guten Liebe« (Buen Amor) voranstellen.

Wie die anarchistischen Organisationen legten die Mujeres Libres großen Wert auf Hygiene und propagierten die Installation von Badezimmern mit fließendem Wasser in den Häusern (Mujeres Libres Nr. 1, Mai 1936, S. 7) und die Benutzung von Seife. (Mujeres Libres Nr. 8, 10. Monat der Revolution, 10. Seite) Für uns heute mag es seltsam erscheinen, dass sich eine politische Organisation mit Hygienemaßnahmen beschäftigt; Anfang des 20. Jahrhunderts lebten jedoch in Spanien – einem Agrarland mit einer rasch anwachsenden Industrie – sowohl die besitzlosen TagelöhnerInnen auf dem Land als auch die FabrikarbeiterInnen in der Stadt häufig unter unhygienischen Bedingungen, die zu einer erhöhten Sterblichkeit führten. Im Sinne der Verbesserung der Situation der Arbeiterklasse war es also durchaus logisch, die Menschen über Sauberkeitsmaßnahmen aufzuklären.

Die revolutionären Veränderungen, die die Mujeres Libres vorantreiben möchten, beziehen das Freizeitverhalten mit ein. In mehreren Artikeln propagieren die Mujeres Libres sportliche Aktivitäten; in Mujeres Libres Nr. 11 beschreiben sie den Sinn von Sport als Mittel zur Entspannung, Erholung, Freude und Freiheit. Wettkämpfe hingegen lehnen sie als neue Form der Knechtschaft ab. (Mujeres Libres Nr. 11, 1938, 38./39. Seite)

Im Filmbereich fordern die Mujeres Libres einen bewussten Bruch mit der Vergangenheit: Am besten wäre es, neue Filme zu drehen, die den revolutionären Realitäten und Geisteshaltungen entsprächen, doch da sich im Augenblick alle Kräfte auf den Sieg im Bürgerkrieg konzentrierten, sei es immer noch besser, alte, ausgewählte Klassiker zu zeigen, als die aktuellen Filme, die gleichzeitig in der franquistischen Zone liefen. (Mujeres Libres Nr. 11, 1938, 49. Seite) Die Ratschläge der Mujeres Libres dazu, wie man die Bücher findet, die einem gefallen, gut sind und zu einem passen, können sowohl dem Wunsch entspringen, das Freizeitverhalten der Menschen hin zu einer bewussten und aktiven Beschäftigung zu verändern, als auch der Tatsache Rechnung tragen, dass sicher viele der Leserinnen der Mujeres Libres bis vor kurzem Analphabetinnen waren und die Auswahl von Lektüre für sie noch ungewohnt war. (Mujeres Libres Nr. 11, 1938, 47. Seite)

Nicht zuletzt veröffentlichten die Autorinnen in allen Ausgaben der Mujeres Libres eigene Gedichte zu den unterschiedlichsten Themen, die sie bewegten – der Widerstand Madrids gegen den franquistischen Vormarsch; der Tod von Kindern im Krieg; die Arbeit der Bäuerinnen, die das Überleben der republikanischen Seite unterstützt; Gedichte über den berühmten Anarchisten Buenaventura Durruti und über unbekannte Frauen, die heroisch ihr Leben für die Verteidigung von Republik und Revolution einsetzen und opfern. Hier zeigt sich der Wunsch der Mujeres Libres, die Frauen zum Ausdruck ihrer eigenen schöpferischen Kräfte anzuregen. So wurden die Gedichte nicht nur von Lucía Sánchez Saornil und Mercedes Comaposada, also zwei Frauen, die bereits Erfahrung im Schreiben hatten, verfasst, sondern auch von unbekannten Mitgliedern.

Insgesamt werden in der Zeitschrift Mujeres Libres die verschiedensten Themen angeschnitten, in denen die Autorinnen ihrer Kritik immer wieder konstruktive Vorschläge anschließen dafür, wie die Situation der Frauen verbessert, die Revolution fortgeführt und die Kriegsanstrengungen effizienter gemacht werden können.

Die Mitglieder

Die Frauen, die sich den Mujeres Libres anschlossen, kamen zum Großteil aus der Arbeiterklasse;[62] viel mehr ist allerdings nicht über ihre Lebensumstände bekannt. Die meisten Gruppen gab es in den beiden größten Städten Spaniens: Barcelona, das Zentrum der sozialen Revolution, und Madrid, das Zentrum des Widerstands gegen die Faschisten, die die Stadt über zwei Jahre lang erfolglos belagerten. Diese Konzentration der Mujeres Libres lässt darauf schließen, dass sich in dem dort herrschenden revolutionären Klima mehr Frauen in der Lage sahen, in eine anarchistische Frauenorganisation einzutreten, während dies auf dem Land ungleich schwieriger gewesen sein muss. In den landwirtschaftlichen Kollektiven bestanden gewisse Benachteiligungen der Frauen weiter fort – zum Beispiel erhielten sie weniger Lohn als die Männer[63] –, und von der theoretischen Gleichstellung im politischen Bereich konnten die Frauen nicht immer Gebrauch machen, da die alte patriarchale Familien- und Dorfstruktur bestehen blieb. Es war selbstverständlich, dass sich weiterhin die Frauen um Haushalt und Kinder kümmerten, in der übrigen Zeit halfen sie den Männern in den Kollektiven. Es gab kaum Kindergärten und Volksküchen, die zur Verkürzung der für die Hausarbeit aufgewendeten Zeit hätten beitragen können. So hatten die Frauen weniger Möglichkeiten als die Männer, zu den Versammlungen der Kollektive zu gehen; der Zeitmangel war sicher auch ein Hindernis für die Gründung einer Mujeres Libres-Ortsgruppe. Dazu kommt, dass sich die Einstellungen vieler Männer gegenüber den Frauen nur schwer änderten. Die damalige Kommunistin Soledad Real berichtet, wie patriarchal sich ihr Mann verhielt, der ebenso wie sie in einem kommunistischen Jugendklub organisiert war:

> »Ein weiteres Mal, als er auf Fronturlaub kam, war für den gleichen Abend eine Parteiversammlung angesetzt, und ich erklärte ihm: ›Ich muss dahin gehen, aber in etwa zwei Stunden bin ich zurück.‹ Er: ›An erster Stelle komme ich, und in erster Linie hast du dich um mich zu kümmern.‹ – ›Es tut mir leid, aber ich gehe zu dieser Versammlung.‹ – ›Nein, du kommst mit mir.‹ – ›Nein, ich muss zu diesem Treffen.‹ Daraufhin packte er mich unter den Armen, stellte mich auf die Beine, und – klatsch! – hatte ich eine Ohrfeige weg.«[64]

Von den drei Gründerinnen der Mujeres Libres ist zwar nicht bekannt, wie sie während des Bürgerkriegs lebten, doch immerhin etwas darüber, was sie vor ihrem Engagement in der Gruppe getan hatten.

Lucía Sánchez Saornil kam aus einer Madrider Arbeiterfamilie und begann mit 14 Jahren, als Telefonistin zu arbeiten. Dort trat sie in die CNT ein und übernahm Ende der 20er Jahre in Arbeitskämpfen eine so herausragende Rolle, dass die Betriebsleitung sie im September 1927 zur Strafe in die Telefonzentrale nach Valencia versetzte. Zwei Jahre später kehrte sie nach Madrid zurück und begann, für die Tageszeitung der CNT zu schreiben. Neben ihrer Arbeit als Telefonistin schrieb sie Gedichte und gehörte zunächst der Künstlergruppe der Ultraisten an, in deren Zeitschriften sie ihre Werke veröffentlichte. Zur Weiterbildung nahm sie an Kursen der Akademie der Bildenden Künste teil.[65]

Mercedes Comaposada lernte durch ihren sozialistischen Vater revolutionäre Ansichten kennen. Die Familie war arm; sie war von Aragonien nach Barcelona gezogen, wo der Vater Schuster wurde. Nachts lernte er französisch und deutsch und bildete sich mit Büchern weiter; neben seiner Arbeit wurde er Spanienkorrespondent der französischen kommunistischen Zeitung »L' Humanité«. In der Wohnung fanden häufig Diskussionsrunden mit anderen politisch Engagierten statt. Dies prägte Mercedes Comaposada, doch gleichzeitig empörte sie sich über das unsolidarische Verhalten ihres Vaters der Mutter gegenüber, die sich nicht für ihren Mann aufopfern wollte. Mercedes Comaposada durfte eine höhere Schule besuchen, was für eine Frau in dieser Zeit ungewöhnlich war. Gleichzeitig lernte sie Maschineschreiben und verdiente sich damit ihr Geld in einer Kinoproduktionsfirma, wo sie Mitglied der CNT wurde.[66]

Über die Herkunft von Amparo Poch y Gascón habe ich nichts gefunden, doch dass sie den Doktortitel der Medizin erworben und auch Soziologie studiert hatte, entspricht nicht dem für damalige Verhältnisse typischen weiblichen Lebenslauf. Schon vor ihrer Arbeit bei den Mujeres Libres engagierte sie sich für ein selbstbestimmtes Leben der Frauen, vor allem was Sexualität, Verhütung und Schwangerschaftsabbruch betraf. Sie hielt Vorträge in Universitäten, Ateneos und Schulen.[67]

Die Gruppe im »kollektiven Gedächtnis«

Warum wurden die Mujeres Libres trotz ihrer Pionierarbeit von nur wenigen HistorikerInnen beachtet? Hier hilft ein Hinweis von Antje Schrupp, in dem sie erklärt, warum die Arbeit der Feministinnen in der Ersten Internationale kaum historisch untersucht wurde. In der Geschichtswissenschaft dominieren sowohl der »männerzentrierte Blick« als auch die marxistische Sichtweise auf die Geschichte der Arbeiterbewegung, so dass nichtmarxistische Frauen geringe Chancen haben, überhaupt als Teil der Geschichte wahrgenommen zu werden.[68] Daraus wird dann ein Teufelskreis: Da wir wenig beziehungsweise oft nichts über Frauen in bestimmten historischen Situationen wissen, fällt die Annahme leicht, es gebe dort auch nichts zu entdecken. Frigga Haug beschreibt diesen Mechanismus sehr anschaulich:

> »Ich glaubte an Gerechtigkeit in der Geschichte und also daran, dass wichtige Gedanken und Studien, hätten sie uns Heutigen etwas zu sagen, auch in unserem kollektiven Gedächtnis wären.«[69]

Die Mujeres Libres sind zwar noch längst nicht Bestandteil eines kollektiven Gedächtnisses – selbst in Spanien nicht –, aber immerhin schon Thema eines spanischen Spielfilms geworden; nicht nur wissenschaftliche Untersuchungen, sondern auch kulturelle Werke sind meiner Meinung nach in der Lage, historische Ereignisse oder Personen in unser Bewusstsein zu rufen.

1995 kam »Libertarias«[70] in die spanischen Kinos; dabei handelt es sich um eine Fiktion mit historischen Elementen. Die Protagonistinnen sind Mitglieder der Gruppe Mujeres Libres in Barcelona, wobei zumindest eine Frau den Namen eines realen Mitglieds trägt: Concha Liaño. Auch zwei andere, Pilar und Auro, sind sicher an historischen Personen orientiert, ebenso wie der Beginn des Films, als die Mujeres Libres in ein Bordell stürmen und den erstaunten Prostituierten verkünden, dass sie jetzt frei seien und mit den Mujeres Libres für ihre Befreiung kämpfen sollten. In drei weiteren Szenen wird auf historische Realitäten Bezug genommen; einmal auf den Konflikt innerhalb der Mujeres Libres, ob es eine »natürliche Weiblichkeit« gebe, aus der sich für Frauen andere Handlungsoptionen ergeben als für Männer. Wie ich später zeigen werde, gab es bei den Mujeres Libres tatsächlich sich widersprechende Meinungen zum Frausein, und so ist die Filmszene einer Diskussion darüber, ob Frauen als Milicianas an die Front sollen oder ob ihnen das ihre Weiblichkeit verbietet, durchaus realistisch. Dann wird die Umwandlung der Milizen in ein »ordentliches Heer« thematisiert, die für die Frauen zur Folge hat, dass sie entweder die Front verlassen müssen oder sich nur noch mit traditionell weiblichen Aufgaben (Waschen, Bügeln und Kochen) an der Front beschäftigen dürfen. Die dritte Anlehnung an die Geschichte betrifft nicht allein die Mujeres Libres, sondern alle aktiven republikanischen Frauen: In einer der letzten Szenen werden fast alle Protagonistinnen von franquistischen Söldnern brutal vergewaltigt und dabei umgebracht. Obwohl der Film auch unrealistische Plattheiten enthält (zum Beispiel wird eine Frau von dem Geist eines Verstorbenen ergriffen, der dann durch sie spricht), bringt er meines Erachtens die Mischung aus enthusiastischer Revolutionsstimmung und brutalem Kriegsgeschehen gut zum Ausdruck.

Anmerkungen

1 Diese Begriffe sind zwar treffend, aber sie wurden erst in den 70er Jahren geprägt, so dass die Mujeres Libres selbst diese Bezeichnungen nicht verwenden konnten.

2 In: »Creación y desarrollo de la organización ›Mujeres Libres‹ (1936-1939)«, (keine AutorInnenangabe); in: Ministerio de Cultura (Hg.): Las mujeres en la Guerra Civil española. III Jornadas de estudios monográficos. Salamanca, octubre 1989. Madrid 1991, S. 31-34.

3 Mary Nash: Mujeres Libres 1936 – 1978. Ausgewählt und aus dem Spanischen übersetzt von Thomas Kleinspehn. Karin Kramer, Berlin 1979, S. 17. Das ist die gekürzte Übersetzung von »Mujeres Libres: España 1936 – 1939«, ergänzt durch Artikel aus der 2. Epoche der Zeitschrift »Mujeres Libres«, ab 1977. Die Seitenzahlen der spanischen Originalausgabe gebe ich nur bei den Texten an, die sich nicht in der deutschen Übersetzung befinden.

4 Thomas Kleinspehn übersetzt »Kulturelle feministische Gruppe«: Mary Nash, Mujeres Libres (deutsch), S. 62.

5 Martha A. Ackelsberg: Free Women, S. 96.

6 Antonina Rodrigo in: Mujeres Libres: Luchadoras Libertarias, S. 13.

7 Die gesamte Satzung ist abgedruckt in: Mujeres Libres: Luchadoras Libertarias, S. 83-86.

8 Cornelia Krasser/Jochen Schmück (Hg.): Frauen in der Spanischen Revolution, S. 26: Bei Kriegsende seien es 20.000 gewesen. Mary Nash: Mujeres Libres (deutsch), S. 13: Insgesamt habe es 20.000 Mitglieder gegeben.

9 Mary Nash: Mujer y movimiento obrero, S. 87.

10 Mary Nash: Rojas, S. 128.

11 Ebenda.

12 Siehe in der deutschen Übersetzung: Mary Nash: Mujeres Libres (deutsch), S. 19.

13 Mary Nash: Mujer y movimiento obrero, S. 87.

14 Mary Nash: Defying Male Civilization, S. 78.

15 Mary Nash: Rojas, S. 128.

16 Mary Nash: Mujer y movimiento obrero, S. 87.

17 Mary Nash: Mujeres Libres: España 1936-1939, S. 233-236.

18 In: Martha A. Ackelsberg: Free Women, S. 95.

19 Abkürzung für Juventudes Libertarias (Libertäre Jugend), die anarchistische Jugendorganisation (Im Spanischen werden Pluralwörter immer durch Verdoppelung der jeweiligen Buchstaben abgekürzt; so gibt es auch für die Mujeres Libres die Abkürzung MMLL.); ihr vollständiger Name lautet Federación Ibérica de Juventudes Libertarias (Iberische Föderation der libertären Jugend), daher ist auch die Abkürzung FIJL gebräuchlich.

20 Conxa Pérez, zitiert in: Las Libertarias: Conxa Pérez, S. 353.

21 Mary Nash: Rojas, S. 137.

22 Martha A. Ackelsberg: Free Women, S. 64.

23 Übersetzung von Thomas Kleinspehn in: Mary Nash: Mujeres Libres (deutsch), S. 46/47.

24 Volksbildungshäuser der anarchistischen Bewegung.

25 Martha A. Ackelsberg: Free Women, S. 176.

26 Gemalt auf der Rückseite von Mujeres Libres Nr. 12, Mai 1938.

27 Nur in den ersten drei Ausgaben der Zeitschrift sind die Seitenzahlen numeriert. Wenn die Seitenangabe meiner eigenen Durchnumerierung entspricht, schreibe ich »x. Seite«, wenn sie im Original numeriert ist, notiere ich »S. x«; dies wende ich auch bei den anderen Zeitschriften an.

28 Mit kleinen Abweichungen ist die Hymne auch abgedruckt in: Martha A. Ackelsberg: Free Women, S. VII (auf spanisch und in englischer Übersetzung).

29 Statt der ersten beiden Zeilen dieser Strophe schreibt Martha A. Ackelsberg: Die Faust erhoben, Frauen der Welt/Hin zu lichtgeschwängerten Horizonten.

30 In: »Ruta«, 30.4.1937, zitiert in: Mary Nash: Mujeres Libres (deutsch), S. 71.

31 Abgedruckt in: Mujeres Libres: Luchadoras Libertarias, S. 83-86.

32 Zwei dieser Broschüren befinden sich in der Biblioteca Nacional, Madrid: Cómo organizar una agrupación. (Wie man/frau eine Gruppe organisiert.) Ohne Ort, 1937. Finalidades de la agrupación Mujeres Libres. (Ziele der Gruppe Mujeres Libres.) Madrid, ohne Datum. Den Text der ersten Broschüre hat Mary Nash abgedruckt, in: Mary Nash: Mujeres Libres (spanisch), S. 75-85.

33 Conchita Liaño Gil, in: Mujeres Libres: Luchadoras Libertarias, S. 37.

34 Mercedes Comaposada in: CNT, 20.8.1938; zitiert in: Mary Nash: Rojas, S. 142.

35 Übersetzung aus: Mary Nash, Mujeres Libres (deutsch), S. 67.

36 Mary Nash: Mujeres Libres (deutsch), S. 30.

37 In: CNT Nr. 788 (Madrid), 30.12.1937; zitiert in: Mujeres Libres: Luchadoras Libertarias, S. 55.

38 Temma Kaplan: Der Anarchismus in Spanien, S. 38.

39 Pura Perez, in: Mujeres Libres: Luchadoras Libertarias, S. 64.

40 Temma Kaplan: Der Anarchismus in Spanien, S. 37.

41 Mary Nash: Mujeres Libres (deutsch), S. 32.

42 Ebenda, S. 37.

43 Im katholisch dominierten Spanien durften die Kinder nur mit GeschlechtsgenossInnen spielen.

44 Übersetzung von Karin Buselmeier, in: dies.: Frauen in der Spanischen Revolution, S. 72.

45 Übersetzung von Thomas Kleinspehn, in: Mary Nash: Mujeres Libres (deutsch), S. 36.

46 Mujeres Libres, in: Ruta (Zeitschrift der FIJL), 21.1.1937; in: Karin Buselmeier: Frauen in der Spanischen Revolution, S. 72.

47 Mujeres Libres, in: Ruta, 30.4.1937; übersetzt in: Mary Nash: Mujeres Libres (deutsch), S. 71.

48 Ebenda, S. 62.

49 Ebenda, S. 30.

50 Archivo General de la Guerra Civil española, im Katalog der vorhandenen Zeitschriften.

51 Mujeres Libres: Luchadoras Libertarias, S. 125: Hier wird zumindest 1938 als Jahr angegeben.

52 Ebenda.

53 Die ehemaligen Mitglieder der Mujeres Libres haben für ihr Buch »Luchadoras Libertarias« die Anzahl der Ausgaben ihrer Zeitschrift rekonstruiert, d.h. sie scheinen sich nicht mehr selbst genau daran zu erinnern. Eine von ihnen, Antonia Fontanillas, schreibt: »[...] im Institut für Sozialgeschichte in Amsterdam gibt es zwei große Seiten, wir wissen nicht, ob einzeln oder auf einem einzigen Blatt (wir sind dabei, es herauszufinden), ohne irgendeinen Bezugspunkt, die aber anscheinend aufgrund ihres Inhaltes von vor dem 65. Tag der Revolution [damit ist die Mujeres Libres-Nummer vom 65. Tag gemeint, V.B.] sind und die auf jeden Fall in Betracht gezogen worden sein müssen, als [die Ausgabe vom] 10. Monat der Revolution mit Nummer 8 bezeichnet wurde, denn andernfalls fehlt uns eine Nummer in der Sammlung und statt dreizehn Ausgaben wären es nur insgesamt zwölf.« In: Mujeres Libres: Luchadoras Libertarias, S. 99.

54 Mujeres Libres: Luchadoras Libertarias, S. 125

55 Aufgelistet in: Mujeres Libres: Luchadoras Libertarias, S. 125/126. Siehe Anhang.

56 Mary Nash: Mujeres Libres (deutsch), S. 30/31

57 José Peirats: La CNT en la revolución española. Ruedo Ibérico, Toulouse 1971 (1951), 3 Bände; Bd. 2, S. 113

58 In: Mujeres Libres: Luchadoras Libertarias, S. 127

59 Sara Berenguer, Entre el sol y la tormenta, S. 206.

60 Mujeres Libres: Luchadoras Libertarias, S. 123

61 Die Gründerinnen und andere bekannte und sehr aktive Frauen unterzeichneten meistens mit dem vollen Namen, wobei Amparo Poch y Gascón ihre Glosse »Das Sanatorium des Optimismus« mit dem Pseudonym »Doctora Salud Alegre« (Frau Dr. Fröhliche Gesundheit) unterschrieb und Lola Iturbe ihre Artikel unter dem Pseudonym Kiralina veröffentlichte.

62 Mary Nash: Mujeres Libres (deutsch), S. 13.

63 Der sogenannte Familienlohn manifestierte die ungleiche Bezahlung: Der Mann erhielt zum Beispiel in einem Kollektiv 5 Peseten und jedes weitere Familienmitglied 2 Peseten. Siehe Karin Buselmeier: Interview mit Clara Thalmann, S. 29.

64 Soledad Real, zitiert in: Sabine Behn/Monika Mommertz: Wir kämpfen für Spanien, S. 110.

65 Mujeres Libres: Luchadoras Libertarias, S. 16

66 Ebenda, S. 17/18.

67 Ebenda, S. 19.

68 Antje Schrupp: Nicht Marxistin, S. 18.

69 Frigga Haug, zitiert in: Ebenda, S. 16.

70 Regisseur: Vicente Aranda; Filmgesellschaft: Sogetel/Lolafilms; unter anderem mit den Schauspielerinnen Ana Belen, Victoria Abril und Ariadna Gil. Der Titel heißt übersetzt »Die libertären Frauen«. »Libertär« wird fast überall gleichbedeutend mit »anarchistisch« verwendet (Eine Ausnahme fand ich in Graswurzelrevolution (Hg.): Gewaltfreier Anarchismus, S. 79, wo anarchistische Ideen als Teil eines umfassenderen libertären Denkens verstanden werden.); die Bezeichnungen wurde im 19. Jahrhundert von AnarchistInnen als positiver Begriff gewählt, da »anarchistisch« im allgemeinen Verständnis mit etwas Negativem, meist mit Terror, assoziiert wurde.

Das ambivalente Verhältnis der Mujeres Libres zur anarchistischen Bewegung

Die anarchafeministische Gruppe Mujeres Libres stand den anarchistischen Organisationen näher als den feministischen Gruppen, sie teilte mit ihnen das Ziel einer revolutionären Veränderung der Gesellschaft, in der alle Menschen frei von Herrschaft und Zwang leben können. Schon die Tatsache der Gründung der Mujeres Libres zeigte jedoch Schwierigkeiten zwischen den Anarchafeministinnen und der anarchistischen Bewegung; zum einen gab es die Unzufriedenheit dieser Frauen innerhalb der CNT und der FAI, zum anderen fassten diese Organisationen die Gründung einer anarchistischen Frauenorganisation als »Spaltung« auf.

Zusammenarbeit

Viele Mitglieder der Mujeres Libres, gerade auch die Gründerinnen und andere sehr engagierte Frauen, waren gleichzeitig Mitglied in anderen anarchistischen und antifaschistischen Organisationen. Ein möglicher Grund liegt darin, dass viele Frauen vor der Gründung der Mujeres Libres – beziehungsweise bevor sie von deren Existenz hörten – in der CNT, FAI oder FIJL aktiv waren, ein anderer, dass die Frauen die unterschiedlichen Netzwerke der Organisationen nutzten, um sich in möglichst vielen Bereichen aktiv einbringen zu können. So kümmerte sich Lucía Sánchez Saornil als Internationale Sekretärin des Rats der Internationalen Antifaschistischen Solidarität (Solidaridad Internacional Antifascista, SIA) Ende 1936 in Frankreich darum, Lebensmittel zu verwalten. Ab 1937 arbeitete sie in der anarchistischen Wochenzeitung Umbral und war als Rednerin in Barcelona aktiv.[1] Amparo Poch y Gascón veröffentlichte ihre Artikel zu medizinischen, soziologischen und pädagogischen Themen in vielen anarchistischen Zeitschriften: neben Mujeres Libres in Revista Blanca, Tiempos Nuevos, Umbral und anderen.[2]

Obwohl CNT, FAI und FIJL den Mujeres Libres die offizielle Anerkennung als Teil der anarchistischen Bewegung verweigerten, unterstützten sie deren Arbeit. Viele lokale Gruppen der Mujeres Libres nutzten die Räumlichkeiten der CNT beziehungsweise die Ateneos für ihre Treffen und Kurse, und vor allem die CNT scheint sowohl finanzielle als auch personelle Unterstützung für die Mujeres Libres geleistet zu haben. Hier – ähnlich wie bei den

Mitgliederzahlen – ist ein vorsichtiger Umgang mit öffentlichen Stellungnahmen der Mujeres Libres angebracht, da diese aus taktischen Gründen manipuliert sein können; so ist es gut vorstellbar, dass Lucía Sánchez Saornil in einem Artikel in der Zeitschrift der CNT deren Unterstützung vor allem deshalb lobte, um die Organisation oder einzelne CNT-Gruppen zu animieren, weitere Hilfen zu leisten. Am Ende dieses Artikels bittet sie dann auch direkt um Spenden und Subventionen für den Aufbau der Mujeres Libres.[3] Andererseits berichtet auch Conchita Liaño Gil im Rückblick auf die Zeit von 1936 bis 1939, dass sie von der CNT und der FIJL unterstützt wurden:[4] Sie selbst schrieb an deren Lokalkomitees in den Orten, in denen die Frauen noch nichts von den Mujeres Libres gehört hatten, und schickte Informationsmaterial, worauf die CNT- und FIJL-Gruppen umgehend antworteten und noch mehr Material erbaten, also aktiv bei der Bekanntmachung der Mujeres Libres mithalfen. Wenn Conchita Liaño Gil dies heute schreibt, wird das keine taktische Beschönigung der tatsächlichen Verhältnisse sein. In einem anderen Artikel von 1994 nennt sie die Ambivalenz des Verhältnisses zwischen den Mujeres Libres und der anarchistischen Bewegung:

> »[...] Mit viel Beharrlichkeit (und einigen Demütigungen, die von Soledad Estorach ertragen wurden[5]), erbrachten sie uns tatsächlich eine ziemlich große wirtschaftliche Hilfe. Es ist nicht von großer Bedeutung, dass dies mit der paternalistischen Haltung von jemandem, der die Launen eines Jugendlichen erträgt, geschah. Auf unsere Forderung hin bewilligten sie uns die Räume, in denen unsere regionalen und lokalen Komitees arbeiteten und wo wir das ›Casal de la Dona Treballadora‹ einrichteten. Sie gaben uns außerdem das notwendige Geld, um die Lehrenden zu bezahlen, denn die Kurse, die dort gegeben wurden, waren gratis. [...] Sie halfen uns auch, die Gehälter der Sekretärinnen und einer Frau, die ganztags für Mujeres Libres arbeitete, zu zahlen, das waren sehr wenige. Die Gehälter waren sehr gering, das Existenzminimum. Aber wir waren dankbar für das, was es wert war.«[6]

Von der finanziellen Unterstützung für die Sekretärinnen-Gehälter berichtet auch Sara Berenguer; sie schreibt, dass die FAI diese zahlte.[7]

In dem Zitat erwähnt Conchita Liaño Gil die »paternalistische Haltung« der männlichen Anarchisten, behauptet jedoch, dies sei nicht von großer Bedeutung. Dass sie dies so herunterspielt, ist überraschend, da die Grundüberzeugung, die hinter den Projekten der Mujeres Libres steht, ja gerade heißt: Die Frau kann sich nur selbst befreien. Für die Mujeres Libres muss es also schwierig gewesen sein, aus Geldnot Hilfe von jemandem zu erbitten und anzunehmen, der sich dabei als überlegen aufführt. Wenn ein ehemaliges Mitglied sich fast sechzig Jahre später noch gut an die bevormundende Haltung erinnert, dies aber als nicht weiter schlimm bezeichnet, kann das auf den Kompromiss hindeuten, den die Mujeres Libres wahrscheinlich bei all ihren Projekten eingehen mussten: Ihre Ideen waren zu revolutionär für die Zeit, um direkt verwirklicht werden zu können, und so akzeptierte die Gruppe, wenigstens etwas in die angedachte Richtung zu tun, auch wenn sie dabei ihren eigenen Forderungen nicht immer gerecht wurde.

Keine offizielle Anerkennung

Die Mujeres Libres wollten zwar einerseits eine unabhängige Frauengruppe sein und nicht wie die anderen Frauenorganisationen von einer Partei abhängen, andererseits kämpften sie darum, von der anarchistischen Bewegung als unabhängiger, vierter Zweig anerkannt zu werden – neben der CNT, der FAI und der anarchistischen Jugendorganisation FIJL. Ihr Zugehörigkeitsgefühl zur anarchistischen Bewegung drückte die »Grupo Cultural Femenino«, die Vorläuferorganisation der Mujeres Libres in Barcelona, aus, indem sie »CNT« hinter ihren Namen stellte, und auch die Mujeres Libres schrieben zum Beispiel auf das Titelblatt der ersten Revolutionsausgabe ihrer Zeitschrift (Mujeres Libres Nr. 4, 32. Tag der Revolution) »CNT – AIT – FAI«.[8]

Die Mujeres Libres erreichten jedoch nie die offizielle Anerkennung durch die anarchistische Bewegung. Ein inhaltlicher Grund für deren Ablehnung, eine eigene Frauenorganisation zu unterstützen, liegt in der Einschätzung, dass die Frauenunterdrückung keine spezifische Form der Unterdrückung ist, sondern automatisch verschwinden wird, sobald die Revolution die kapitalistische Unterdrückung beseitigt hat. Die Konsequenz daraus ist einfach; Mary Nash formuliert es so:

> »Wenn die Frauen kein gesondertes Geschlechterproblem haben, macht es folglich keinen Sinn, dass es eine spezielle Frauenorganisation gibt.« [9]

Mary Nash erwähnt, dass die anarchistische Ministerin Federica Montseny sogar die Existenz von Mujeres Libres leugnete, nachdem diese bereits Monate lang aktiv waren;[10] andererseits veröffentlichten die Mujeres Libres 1939 einen Text von Federica Montseny und erwähnten sie ab und zu in ihrer Zeitschrift.

Die endgültige Ablehnung der drei anarchistischen Organisationen, die Mujeres Libres als vollwertiges Mitglied in die anarchistische Bewegung aufzunehmen, vollzog sich auf dem Plenum der libertären Bewegung vom 16.

bis 30. Oktober 1938.[11] Die Mujeres Libres hatten zuvor einen Antrag auf Aufnahme gestellt, bekamen jedoch kein ständiges Anwesenheitsrecht auf dem Plenum; lediglich Emma Goldman, die bekannte, in den USA lebende Anarchistin, die die Mujeres Libres seit der Gründung unterstützte, wurde als Beobachterin geduldet.[12] Am letzten Tag des Plenums durften dann einige Vertreterinnen der Mujeres Libres den Aufnahmeantrag und die Arbeit der Gruppe vorstellen, worauf sie die Antwort erhielten, sie seien noch nicht genügend vorbereitet und sollten warten, bis sie genug Erfahrung hätten.[13] Aus einem Versammlungsbericht des Unterkomitees Valencia der Nationalen Föderation der Mujeres Libres erfahren wir Genaueres über die Ablehnungserklärung, hier durch die FAI:

> »Die Delegation der F.A.I. ... erklärte, dass die Frage der Eingliederung der Frauen in das soziale und politische Leben bereits Gegenstand einer ausführlichen Untersuchung der F.A.I. gewesen sei. Obwohl wir aber erklären, zu uns würden viele Frauen gehören, dürften wir uns nicht täuschen und müssten anerkennen, dass die Genossinnen noch nicht in der Lage seien, derartige Aufgaben zu übernehmen. Sie meinten, wir dürften die demagogische Arbeit der anderen Sektoren nicht kopieren. Dabei weisen sie auf Fälle hin, in denen Genossinnen trotz guten Willens gescheitert seien, und gerade das sei es, was es zu vermeiden gelte. Damit diese Genossinnen nicht entmutigt werden, müssen sie entsprechend vorbereitet werden. Sie wiederholten, dass wir anerkennen müssten, trotz unseres guten Willens nicht in der Lage zu sein, die Leitung der Organisationen zu übernehmen. Dies sei nicht die Schuld der Frauen, aber Klassenbewusstsein erlange man nur in der Praxis und im Kampf. Diese Angelegenheit sei sehr delikat und müsse ausführlich diskutiert und geprüft werden. Sie betonten zum Abschluss ihrer Ausführungen, dass wir in der F.A.I. die bedingungslose Unterstützung finden würden, die nötig sei, um unsere berechtigte Ungeduld und unsere Ziele in die Realität umzusetzen.«[14]

Das Argument, die Frauen hätten noch nicht genügend Erfahrung, um sich nützlich zu machen, ist dasselbe Totschlagargument, das auch benutzt wurde, als die kämpfenden Frauen von der Front vertrieben wurden; wenn jemand keine Aufgaben übertragen bekommt, wird er oder sie kaum Erfahrung sammeln können. Dieses Argument mutet vor allem deswegen verlogen an, da auch viele Männer in der anarchistischen Bewegung zunächst ohne Erfahrung – im politischen als auch im Frontkampf – waren, ihnen jedoch das »learning by doing« zugetraut wurde.

Die Mujeres Libres-Veteraninnen schreiben von der Enttäuschung, die sie auf diesem Plenum erfuhren,[15] und Mary Nash nennt das Verhalten der anarchistischen Bewegung einen Mangel an Sensibilität. Sie sieht darin ein weiteres Beispiel für die große Differenz zwischen der Theorie der Gleichberechtigung und der sexistischen Praxis der Anarchisten, die nie die Existenz einer Frauenbewegung, die ihre Bedürfnisse verteidigte, anerkannten.[16]

Andererseits sieht sie auch eher pragmatische Gründe für die ablehnende Haltung von CNT, FAI und FIJL: Im Herbst 1938, als die Mujeres Libres ihren Antrag stellten, war die anarchistische Bewegung Spaniens gerade dabei, sich neu zu strukturieren. Aus dem eher lockeren Zusammenhang der drei Organisationen sollte eine enger verbundene Bewegung werden: die MLE (Movimiento Libertario Español, Spanische Libertäre Bewegung). Mary Nash vermutet, dass die MLE vor allem die Nützlichkeit einer eigenen Frauenorganisation abwägte, da CNT und FIJL sich auch um die Aufnahme neuer weiblicher Mitglieder bemühten und so die Mujeres Libres nicht als zusätzliche Kraft, sondern eher als Konkurrenz bei der Rekrutierung noch nicht politisierter Frauen ansahen.[17]

Anmerkungen

1 Ebenda, S. 17.

2 Ebenda, S. 19.

3 Lucía Sánchez Saornil, CNT 531, 30.1.1937; abgedruckt in: Mujeres Libres: Luchadoras Libertarias, S. 41-46. Sie lobt die CNT gleich zweimal: Die Mujeres Libres hätten in der lokalen CNT-Föderation Madrid eine entschiedene und tatkräftige Unterstützung gefunden, und am Ende dankt sie für die großzügige Unterstützung durch alle Gruppen der CNT.

4 Conchita Liaño Gil, in: Mujeres Libres: Luchadoras Libertarias, S. 35-38.

5 Soledad Estorach war diejenige, die von den anarchistischen Organisationen Geld erbat. V.B.

6 Conchita Liaño Gil, in: Mujeres Libres: Luchadoras Libertarias, S. 59.

7 Sara Berenguer, in: Mujeres Libres: Luchadoras Libertarias, S. 110.

8 Die AIT (Associación Internacional de Trabajadores) ist die internationale Dachorganisation der anarcho-syndikalistischen Organisationen; auf deutsch IAA.

9 Mary Nash: Rojas, S. 138.

10 Ebenda.

11 Sara Berenguer, in: Mujeres Libres: Luchadoras Libertarias, S. 149.

12 Ebenda, S. 149.

13 Ebenda, S. 153.

14 Sitzungsprotokoll der außerordentlichen Versammlung des Subkomitees Valencia am 11.2.1939; deutsche Übersetzung in: Mary Nash: Mujeres Libres (deutsch), S. 75/76.

15 Sara Berenguer, in: Mujeres Libres: Luchadoras Libertarias, S. 149.

16 Mary Nash: Rojas, S. 139.

17 Ebenda, S. 139/140.

Das Verhältnis der Mujeres Libres zu den anderen Frauengruppen

Die anderen Frauenorganisationen

Hier soll es nicht um eine umfassende Darstellung der verschiedenen Frauengruppen gehen, die auf der republikanischen Seite aktiv waren, sondern darum, anhand der Unterschiede zwischen den Mujeres Libres und anderen Frauenorganisationen das Besondere an den Mujeres Libres herauszustellen. Für meine Fragestellung ist eine kurze Darstellung der nicht-bürgerlichen Frauengruppen ausreichend – zumal diese mehr in Erscheinung traten als die bürgerlichen.

Die größte und einflussreichste Frauenorganisation im Spanischen Bürgerkrieg waren die Mujeres Antifascistas (auch Agrupación Mujeres Antifascistas, AMA)[1] – und gleichzeitig auch die größte Konkurrentin der Mujeres Libres. Ursprünglich hieß die Gruppe »Mujeres contra la Guerra y el Fascismo« (Frauen gegen den Krieg und den Faschismus); sie wurde 1933 unter der Schirmherrschaft der Kommunistischen Partei Spaniens gegründet, trat 1934 der Dritten Internationale bei und nahm im gleichen Jahr am Internationalen Kongress der »Frauen gegen den Krieg und den Faschismus« in Paris teil. Nach dem Sieg der Volksfrontwahlen im Februar 1936 vereinigten sich die Frauen am 16.2.1936 als »Mujeres Antifascistas«. (Mujeres, 2. Epoche, Nr. 1, Oktober 1937, 5. Seite) Unter diesem Namen wurden sie seit Beginn des Bürgerkriegs im Juli 1936 bekannt;[2] die Zeitschrift der Gruppe, Mujeres, trägt jedoch noch in den Ausgaben von Februar bis Juni 1937 den Untertitel »Organo del Comité Nacional Femenino contra la Guerra y el Fascismo« (Organ des Nationalen Frauenkomitees gegen den Krieg und den Faschismus) und erst in der zweiten Epoche, ab Oktober, »Revista mensual del Comité Nacional de Mujeres Antifascistas« (Monatszeitschrift des Nationalkomitees der Antifaschistischen Frauen).[3]

Ebenso wie die Mujeres Libres erlebte die Organisation durch den Ausbruch des Bürgerkriegs einen Aufschwung, sowohl was die Mitgliederzahlen als auch die Bedeutung ihrer Aktivitäten angeht. Die Mujeres Antifascistas hatten schon im Sommer 1936 über 50.000 Mitglieder, und innerhalb der drei Jahre des Bürgerkriegs gründeten sich über 255 lokale Gruppen.[4] Die Anzahl aller Mitglieder wird auf 60.000 bis 65.000 geschätzt; dazu kommen noch die 30.000 bis 40.000 Mitglieder der katalanischen Schwesterorganisation, der Unió de Dones de Catalunya, UDC (Union der Frauen Kataloniens).[5]

Obwohl es offensichtlich war, dass die Gruppe zur Kommunistischen Partei gehörte, nannte sie sich nicht kommunistisch, sondern überparteilich, mit dem Ziel, dass sich auch nichtkommunistische Frauen anschlössen. Wie die PCE hingen die Mujeres Antifascistas dem Volksfront-Gedanken an; dies hatte zur Folge, dass jegliche revolutionäre Ambitionen abgestritten wurden, um das Bündnis mit sämtlichen antifaschistischen Gruppen – zum Beispiel den gemäßigten Republikanern oder im Baskenland den Katholiken – nicht zu gefährden. Tatsächlich jedoch fungierten die Mujeres Antifascistas als Kraft zur Rekrutierung spanischer Frauen für den orthodoxen Kommunismus.[6] An ihrer Basis arbeiteten zwar auch viele nichtkommunistische Frauen mit; da die Gruppe jedoch streng hierarchisch organisiert war und in den höheren Posten fast nur Stalinistinnen saßen, hatten letztere großen Einfluss. Im Unterschied zu den lokalen Gruppen der Mujeres Libres waren die der Mujeres Antifascistas nicht autonom, sondern an die Weisungen von oben gebunden und verpflichtet, regelmäßige Rechenschaftsberichte über ihre Aktivitäten zu liefern.[7]

Als einzige der im Bürgerkrieg existierenden Frauengruppen wurden die Mujeres Antifascistas von der republikanischen Regierung anerkannt und deswegen auch finanziell gefördert; im August 1936 wurden sie beauftragt, eine »Comisión de Auxilio Femenino« (weibliche Hilfskommission) zu gründen, die den Kriegs-, Industrie- und Handelsministerien helfen sollte, die Lieferungen für die Front und die Unterstützungsarbeiten für die Kämpfenden zu organisieren.[8] Unter Geldnot litt die Gruppe allerdings auch vorher nicht, da sie genauso wie die PCE enge Verbindungen zur Sowjetunion hatte und auch von dort finanzielle Unterstützung erhielt.

Sowohl die Mujeres Antifascistas als auch die katalanische Unió de Dones de Catalunya hatten Jugendorganisationen, nämlich die Unión de Muchachas (Union der jungen Frauen) und die katalanische Aliança Nacional de la Done Jove (Nationale Allianz der jungen Frau), die von Mitgliedern der kommunistischen Jugendorganisation JSU[9] gegründet wurden. Beide verfolgten generell die gleiche Linie wie die AMA und die UDC, formulierten jedoch ihre Forderungen nach Gleichberechtigung der Frau radikaler, zum Beispiel verlangten sie einen Wandel der Verhaltensnormen für die Geschlechter und die Abschaffung der bürgerlich-kapitalistischen Gewohnheiten.[10]

Die MarxistInnen der POUM gründeten erst im September 1936 eine eigene Frauenorganisation, die in sehr engem Kontakt zur Partei stand und dies auch in ihrem Namen signalisierte: Secretariado Femenino del POUM, SFPOUM (Frauensekretariat der POUM). Die Gruppe wurde von der POUM weitgehend kontrolliert, unter anderem wurde das Zentralkomitee von der POUM selbst ernannt, und diese empfahl ihren weiblichen Mitgliedern, alle in das SFPOUM einzutreten. Die Aufgabe des SFPOUM beschränkte sich darauf, Frauen für die Partei zu gewinnen; die Unterdrückung der Frau wurde kaum thematisiert, da sie nach Marx als »Nebenwiderspruch« gesehen wurde, der sich nach der Revolution von selbst lösen würde. Eine Vorreiterrolle nahm das SFPOUM allerdings in seinen Veröffentlichungen über Sexualität, Geburtenkontrolle und Abtreibung ein – Themen, deren offene Diskussion auch zur Befreiung der Frau beitragen sollte. Es gab in ungefähr dreißig Orten Gruppen des SFPOUM mit insgesamt ein paar Hunderten Mitgliedern, die sich nach den Mai-Ereignissen 1937 auflösten.[11]

Gemeinsamkeiten und Differenzen

Die konkreten Aktivitätsfelder der diversen Frauenorganisationen während des Bürgerkriegs unterschieden sich wenig voneinander: Sie boten Alphabetisierungskurse und berufliche Ausbildung an, übernahmen vor allem unterstützende Arbeiten (in Krankenhäusern, an der Front, in der Wirtschaft) und organisierten die Frauen politisch. Vor allem durch die Kriegssituation waren pragmatische Entscheidungen erforderlich, so dass die Gruppen auch Kompromisse eingingen, um den Krieg gegen die Franquisten nicht zu verlieren.

Der große Unterschied bestand jedoch in den Grundüberzeugungen der Organisationen, die – verkürzt – etwa so dargestellt werden können: Die Mujeres Libres gingen davon aus, dass der Krieg ohne die gleichzeitige Fortführung der Revolution (konkret die Fabrikbesetzungen durch die ArbeiterInnen und die Kollektivierungen durch die LandarbeiterInnen) nicht zu gewinnen sei, ebenso wie die soziale Revolution nicht von der Befreiung der Frau getrennt durchgeführt werden könne. Die Frauen der POUM stimmten dem zwar darin zu, dass der Krieg nur mit gleichzeitiger Revolution gewonnen werden könne, weil nur dadurch die arbeitende und kämpfende Bevölkerung den direkten Zusammenhang zwischen ihrem Kampf gegen den Faschismus und ihrer eigenen sozialen und ökonomischen Befreiung erfassen könne; sie sahen aber keine Notwendigkeit für den gleichzeitigen Befreiungskampf der Frauen, da deren »Probleme« Auswirkungen der Unterdrückung der Arbeiterklasse und nichts Geschlechtsspezifisches seien. Die Mujeres Antifascistas schließlich trennten den Krieg von der Revolution und wollten zunächst nur den Faschismus besiegen.

Auch durch ihre radikalen Forderungen nach Autonomie und danach, nicht für die Mitgliederrekrutierung einer Partei oder den Sieg über Franco instrumentalisiert zu werden, unterschieden sich die Mujeres Libres von den anderen Frauenorganisationen. In der letzten Ausgabe ihrer Zeitschrift beschreiben sie diesen Unterschied:

> »Das Interessanteste und Verdienstvollste an ›Mujeres Libres‹ besteht darin, dass sie sich als Gruppe gebildet haben, gewachsen sind und allein durch die Bemühungen der Frauen eigenständig wurden. Hierin zeigen sich ihre Fähigkeiten. Und nicht darin, Trennungen zu errichten und Wettbewerbe zwischen den Geschlechtern zu veranstalten – wie die alten feministischen Parteien, deren Mitglieder alle zu gewerkschaftlichen und politischen Gruppen gehören. ›Mujeres Libres‹ wollten zunächst ihre Lebensbedingungen als Frauen bestimmen und durch eigene Kraft für sich das Recht erreichen, in das politische und soziale Leben Spaniens einzugreifen.«[12]

Zeitschriftenvergleich

Um die Besonderheit der Positionen der Mujeres Libres herauszustellen, vergleiche ich wesentliche Grundüberzeugungen und programmatische Perspektiven, die in der Zeitschrift Mujeres Libres zum Ausdruck kommen, mit denjenigen, die in der Zeitschrift Mujeres, dem Organ der »Mujeres contra la guerra y el fascismo« und deren Nachfolgerin »Mujeres Antifascistas«[13], geäußert werden. Dabei nehme ich Themen heraus, die mir in ihrer unterschiedlichen Bearbeitung kennzeichnend für die Grundeinstellungen der beiden Organisationen scheinen.

Feminismus

Die Mujeres Libres bezeichneten sich nie als Feministinnen, da der Begriff im allgemeinen Sprachgebrauch mit der bürgerlichen Frauenbewegung, die für das Frauenwahlrecht kämpft, assoziiert wurde. Dadurch war dieses Wort für sie negativ belegt mit bürgerlichen Frauen, die für sich selbst die gleichen Privilegien wie die bürgerlichen Männer beanspruchen, d.h. Feminismus als Gleichberechtigung der Geschlechter innerhalb der bestehenden kapitalistischen Gesellschaft. Da die Mujeres Libres kein Interesse an einem nicht-emanzipatorischen Feminismus hatten, wollten sie ihre Gruppe nicht mit dem gleichen Begriff bezeichnen.

In ihrer ersten Ausgabe der Zeitschrift Mujeres Libres erklären sie diesen Standpunkt:

> »Auferstehung des Feminismus? Bah! Den Feminismus tötete der Krieg, indem er der Frau mehr gab, als sie forderte, indem er sie brutal zu einem Ersatz der Männer zwang. Ein Feminismus, der seinen Ausdruck außerhalb des Weiblichen suchte, indem er versuchte, sich fremden Tugenden und Werten anzupassen, interessiert uns nicht; es ist ein anderer Feminismus, substantieller, von innen nach außen, Ausdruck einer Art und Weise, einer Natur [...]. Vielleicht eine Kriegserklärung? Nein, nein. Verschmelzung von Interessen, Verschmelzung der Ängste, Streben nach Herzlichkeit auf der Suche nach dem gemeinsamen Schicksal. Der Wunsch, dem Leben den Gleichgewichtssinn zu geben, der ihm fehlt, woraus all sein Übel kommt.
> Aber das ist schon mehr als Feminismus. Feminismus und Maskulinismus sind zwei Begriffe eines einzigen Verhältnisses; vor einigen Jahren fand ein französischer Journalist, Leopoldo Lacour, den exakten Ausdruck: vollkommener Humanismus.«
> (Mujeres Libres Nr. 1, Mai 1936, S. 2)

Die Anarchistin Emilienne Morin beschrieb den Feminismus der Mujeres Libres folgendermaßen:

> »Ich war nie Feministin in dem Sinn, den die ›Sufragetten‹ dem Begriff gegeben haben; aber eure Bewegung ist wirklicher Feminismus, gesellschaftlich und menschlich, der danach strebt, in der Frau alle ihre intellektuellen und moralischen Qualitäten, die sie selbst oft ignoriert hat, zu kultivieren.« (Mujeres Libres Nr. 12, Mai 1938, 6. Seite)

Die Mujeres Antifascistas hingegen stellen den Feminismus in den Dienst am Vaterland und definieren ihn folgendermaßen:

> »Feministische Zeitungen; feministische Seiten; das sind weder Kleidermoden noch Anzeigen für Schminke.
> Das sind, im Gegenteil, Lösungen für die Probleme, die das Land betreffen, praktische Ratschläge für die beste [Pflicht]erfüllung.« (Mujeres, 1. Epoche, Nr. 14, 8.5.1937, S. 3)

Feminismus ist für sie »Pflichterfüllung«, die zum Beispiel darin bestehe, in der Freizeit Kleidung für Soldaten zu nähen oder den »mono azul« anzuziehen und die Arbeit der Männer im Hinterland zu übernehmen.

Diese Definition zeigt, wie ambivalent die kommunistischen Frauen die Befreiung der Frau sahen; einerseits instrumentalisieren sie sowohl die Frauen selbst als auch den Begriff »Feminismus« für den antifaschistischen

Kampf, andererseits bleiben sie auch nicht bei dem traditionellen Frauenbild stehen, welches nicht vorsah, dass Frauen männliche Arbeitskleidung tragen und außer Haus arbeiten.

Frauenarbeit

Passend zu ihrer Definition von Feminismus hatten die Mujeres Antifascistas kein eigentliches Interesse daran, die Frauen von ihrer auf Familie und Haushalt beschränkten Rolle zu befreien; da jedoch im Hinterland die Produktion weitergehen musste, während die Männer an der Front kämpften, riefen sie die Frauen dazu auf, die leeren Stellen zu übernehmen. Dabei betonten sie ständig, dass die Frontkämpfer sich keine Sorgen um ihre Arbeitsplätze machen müssten, da nach Kriegsende die Frauen selbstverständlich wieder ihre früheren Aufgaben übernähmen.

Die Mujeres Libres stimmen mit den Mujeres Antifascistas darin überein, dass es die Pflicht jeder Frau sei, zur Produktion beizutragen, fassen dies jedoch in einen weiteren Rahmen als den der Kriegssituation: Die Arbeit sei das Gesetz des menschlichen Fortschritts, und wer sich dem entziehe, sei ein Schmarotzer. (Mujeres Libres Nr. 13, Oktober 1938, 15. Seite) Gleichzeitig betonen sie das Recht der Frau auf Arbeit. Für die Mujeres Libres ist die Frauenarbeit kein Mittel zur Aufrechterhaltung des Wirtschaftslebens, sondern zur Befreiung der Frauen. Deshalb bekräftigen sie immer wieder, dass die Frauen nicht vorhaben, sich nach Kriegsende aus den Arbeitsplätzen drängen zu lassen:

> »Glaubt jemand, dass die Frau nach dem Krieg diese Energien der Muskeln und der Intelligenz vergessen oder verkümmern lassen könnte, die sie entdeckt hat, um ihre Unabhängigkeit und ihre Freiheit zu bewahren? Wäre es gerecht, sie ihr zu entreißen?« (Mujeres Libres Nr. 12, Mai 1938, 23. Seite)

Mutter

Die Einstellung zur Mutterschaft ist bei den Mujeres Libres unterschiedlich; während einige Mitglieder glauben, die Hauptaufgabe jeder Frau sei es, Kinder zu bekommen, sehen andere Mitglieder die Mutterschaft als eine Option im Leben einer Frau an und möchten den Müttern und zukünftigen Müttern praktische Ratschläge zu einer freien Erziehung des Kindes geben.

Im Unterschied zu diesen beiden Einstellungen überhöhen die Mujeres Antifascistas die Mütter als eine Art Symbol. Sie ziehen eine Verbindung zwischen der Mutter, dem Vaterland und dem sich Opfern:

»Um das Vaterland zu preisen, finde ich kein besseres Motiv, als es mit der Mutter zu vergleichen. Diese oder jenes zu verfluchen[14], ist Herzlosigkeit oder Blasphemie. Und genauso wie wir alles geben würden für die, die uns in sich trug, uns mit Schmerzen gebar und uns mit ihrem Blut am Leben hielt, genauso müssen wir alles für die kollektive Mutter geben, die heute ihre Kinder braucht. [...] Aber wir werden uns alle [«alle« bezieht sich grammatikalisch auf die Frauen, V.B.] aufopfern. Versteht es gut, ALLE!! So viel wir auch tun werden, niemals wird unser Opfer gleichbedeutend sein mit dem unserer Söhne und mit dem unseres Vaterlands.« (Mujeres, 1. Epoche, Nr. 2, 13.2.1937, S. 6)

Diese einerseits pathetische, andererseits brutale Sprache wird in mehreren Artikeln der Zeitschrift Mujeres verwendet. Dabei zeigt sich die sexistische Einstellung der Mujeres Antifascistas: Die Frauen seien moralisch verpflichtet, alles für den Sieg zu geben, doch ihre Arbeit erreiche nie den gleichen Stellenwert wie die der Männer. Die Frauen werden als Mütter, die Männer als Söhne angesprochen – die Wörter »Väter« und »Töchter« kommen hingegen fast nie in den Artikeln der Mujeres Antifascistas vor –; dadurch wird der Opferbegriff gemäß der traditionellen Geschlechterrollen besetzt: Während ein Mann heroisch kämpfe, sei das größte Opfer, das eine Frau bringen könne, das des Verlusts des Sohnes.

Die Verbindung von pathetischer, die Metapher des Bluts verwendende Sprache und dem Bezug auf die traditionelle Frauenrolle zeigt sich auch in folgendem Satz sehr gut:

»Der augenblickliche Schmerz eint uns: Mütter von Sozialisten, Mütter von Kommunisten, von Anarchisten und Republikanern wissen, wie sich das Blut ihrer Söhne in den Schützengräben vermischt hat [...].« (Mujeres, 2. Epoche, Nr. 1, Oktober 1938, 5. Seite)

An diesem Zitat fällt außerdem die Implikation der Mujeres Antifascistas auf, dass Männer verschiedener Parteien zusammen an der Front kämpfen – zu einem Zeitpunkt, als die anarchistischen Bataillone kaum über Waffen verfügten und die Stalinisten die sowjetischen Waffenlieferung nur an stalinistische Frontabschnitte leiteten. Mit ihrer Behauptung verschleiern die Mujeres Antifascistas die mörderischen Angriffe der StalinistInnen auf AnarchistInnen und Mitglieder der POUM. Außerdem soll damit vielleicht an einen angeblichen Urinstinkt der Frauen appelliert werden, in der Art, dass in dieser Situation alle Frauen Mütter seien und die politischen Differenzen (der Männer) vergessen sollten.

Milicianas

Ob Frauen an der Front kämpfen oder sich auf die Arbeit im Hinterland beschränken sollen, ist die einzige Frage, zu der die beiden Frauengruppen eine ähnliche Einstellung haben. Zu Beginn des Krieges befürworteten beide den Einsatz der Frauen in allen Bereichen, also auch als Milicianas, nahmen dann aber die allgemein veränderte Haltung zu Frauen an der Front ein und plädierten ab 1937 für die Übernahme der von den Kämpfern verlassenen Arbeitsplätze im Hinterland. Im Falle der Mujeres Libres ist anzunehmen, dass sie sich dabei von taktischen Gründen leiten ließen – also den Regierungsbeschluss akzeptierten, um sich nicht von der Bevölkerungsmehrheit zu isolieren –, denn den Frauen den Kampf an der Waffe zu verbieten, widerspricht ja durchaus der allgemeinen Forderung der Mujeres Libres, dass Frauen gleichberechtigt und frei leben dürfen. Diese Interpretation unterstützt ein Interview in der letzten Ausgabe der Mujeres Libres, das die Frauen mit der »capitana« (das weibliche Pendant zu Hauptmann) Pepita Vázquez Núñez führen. Die Interviewerinnen äußern,

> »[...] wir halten es nicht für schlecht, [...] dass in den ersten Augenblicken des Kampfes und bis die öffentlichen Mächte eine andere Sache beschlossen, auch die Frauen das Mausergewehr ergriffen [...].«

Die Frage, ob sie eine direkte Teilnahme der Frauen am Kampf befürworte, bejaht die »capitana«:

> »Aber natürlich! Da es ihnen jetzt nicht erlaubt ist, zu den Waffen zu greifen, müssen sie intensiv im Hinterland kämpfen, indem sie mit ihrer unermüdlichen Arbeit die mobilisierten Männer ersetzen. Aber außerdem sollten sich alle jungen Mädchen, alle Frauen für alle Fälle schnell in Bewegung setzen, um eine militärische Ausbildung zu machen und den Umgang mit Waffen zu lernen.« (Mujeres Libres Nr. 13, Oktober 1938, 4. Seite)

Die Interviewerinnen antworten damit, dass das schon seit Kriegsbeginn die Forderungen der Mujeres Libres seien – dies lässt darauf schließen, dass sich die Gruppe in das Verbot der weiblichen Kampfbeteiligung fügte, da sie wohl von der Mitgliederzahl und ihrer Stärke her nicht in der Lage gewesen wäre, einen Streit um dieses Thema zu gewinnen. Statt dessen versuchte sie, das Beste daraus zu machen, indem sie für die Frauen wenigstens im Hinterland Arbeit und Verantwortung erkämpfte.

Dass der Wandel auch bei den Mujeres Antifascistas Taktik war, ist vorstellbar, denn in der Frage der Frontkämpferinnen äußerte sich die Gruppe nicht linientreu zur Kommunistischen Partei, sondern lobte noch im Oktober 1937 in der Zeitschrift Mujeres das allgemeine Kriegsengagement der

Frauen – obwohl bereits im Dezember 1936, von kommunistischer Seite initiiert, damit begonnen wurde, die Milicianas von der Front zu nehmen beziehungsweise sie zu Sanitäterinnen und Köchinnen zu degradieren, und mit der Umwandlung der Milizen in eine Volksarmee fast alle Frauen ins Hinterland geschickt wurden.

Frauen und Mode

Sehr bezeichnend für das Frauenbild, das die beiden Organisationen hatten, finde ich die Art, wie sie die Themen »Mode« und »Frauen und Schönheit« behandeln. Damals wie heute wird von der herrschenden Meinung suggeriert, dass die Beschäftigung mit schönen Kleidern und Schminken etwas den Frauen Ureigenes sei – hören wir das Wort »Frauenzeitschrift«, denken wir nicht etwa an ein Heft, das uns über Politik, Umwelt und gesellschaftliche Veränderungen informiert, sondern an Mode, Schmink- und Frisurtips, Kochrezepte und Klatsch und Tratsch. Mag sein, dass es tatsächlich viele Frauen gibt, die sich eher für letztere Themen interessieren – aber durch eine einfache Weiterführung dieser Tradition werden solche Klischees weder thematisiert noch überwunden.

Die Mujeres Libres waren so mutig und durchbrachen dieses Klischee, indem sie ihren Leserinnen ihren neu definierten Begriff von Schönheit zeigten: Für sie ist nicht die geschminkte Frau schön, sondern die, deren Äußeres zu ihrem Inneren passt. Im Gesicht einer schönen Frau lasse sich der Ausdruck von Güte, Intelligenz und Sensibilität finden – statt Schminke. (Mujeres Libres Nr. 3, Juli 1936, S. 6/7) Auch die Äußerungen zur Mode in den ersten beiden Ausgaben der Mujeres Libres sind unkonventionell; in der Nummer 1 beklagen die Autorinnen, dass die spanischen Arbeiterfrauen teure, unpraktische und hässliche Kleidung kaufen und tragen (Mujeres Libres Nr. 1, Mai 1936, S. 16), und in der Nummer 2 wird erklärt, dass Modediktate darüber, welche Formen und Farben eine Frau zu tragen habe, keinen Sinn machen. (Mujeres Libres Nr. 2, Juni 1936, S. 16)

Obwohl der größte Teil der Artikel in der Zeitschrift Mujeres politische, soziale und wirtschaftliche Themen behandelt, versuchen die Autorinnen, auch die tradierten Klischeebedürfnisse der Frauen zu bedienen: In den ersten drei Nummern (Februar 1937) wird jeweils Mode vorgestellt; in Nr. 1 mit folgendem Text:

> »Im Frühling...
> Selbst auf dem Höhepunkt des Bürgerkriegs [...] gefällt es unserem Blick,

> sich mit dem einfachen und schönen Schmuck des Frühlings zu zerstreuen, der den Frauen einen Zauber von Aprilblüten gibt, sehr attraktiv.
> Diese so weibliche Bluse, wie gefällt sie euch? Viel Arbeit? Nein, ihr werdet es nicht glauben, sie ist sehr einfach, außerdem dient sie dazu, dass ihr die Momente ausnutzt, die die Aufgaben des Hinterlandes euch freilassen [...] Von russischer Herkunft, so kleiden sich die europäischen Frauen.« (Mujeres, 1. Epoche, Nr. 1, 6.2.37, S. 8)

Die Texte der Mujeres Libres verdeutlichen die beiden Aspekte, in denen die Tradition der Frauenmode zur Unterdrückung der Frauen beiträgt. Glaubt eine Frau der jeweils aktuellen Mode, muss sie nicht nur ihr Geld, sondern vor allem ihre Zeit in den ständigen Kauf neuer Kleidung investieren; sie bekommt so eine immerwährende Beschäftigung (da die Mode jede Saison wechselt) und hat keine Zeit, über wirklich wichtige Dinge nachzudenken. Mit ihrer Behauptung, die diktierten Moderegeln hätten keinen Sinn, da jede Frau passend zur Situation alles tragen könne, nehmen die Mujeres Libres der Beschäftigungstherapie »immer nach der neuesten Mode gehen« jeglichen Sinn.

Der zweite unterdrückende Aspekt der Mode zeigt sich an der Klage der Mujeres Libres über die unpraktische Kleidung der Arbeiterfrauen. Noch mehr als heute schränkte die Frauenkleidung ihre Trägerinnen in ihrer Bewegungsfreiheit ein. So hatten viele Frauen, die 1936 an die Front gingen, Probleme, sich zum ersten Mal ohne Korsett zu bewegen;[15] mit Korsett allerdings waren körperlich anstrengende Tätigkeiten ausgeschlossen, da heftiges Atmen zur Ohnmacht führte. Das Korsett stellt die größte Behinderung der Frauen durch ihre Kleidung dar, aber nicht die einzige; aus der Begeisterung der Milicianas für den »mono azul«, den blauen Arbeitsanzug, lässt sich ablesen, dass auch das Tragen von Röcken zu Einschränkungen führte.

Den kommunistischen Frauen ist nicht an einer grundlegenden Änderung des Frauenbildes gelegen. Stattdessen betten sie das traditionelle Frauenbild – dass es in der weiblichen Natur läge, sich gerne herausputzen zu wollen – in die veränderte Situation des Krieges ein. Diese Taktik entspricht dem Ziel der Mujeres Antifascistas gut, die Mitarbeit der Frauen zum Sieg über den Faschismus zu benutzen, sie aber nicht aus ihrer unterdrückten Rolle zu befreien. Damit lagen sie auf Linie mit dem Vorbild Sowjetunion, wo sich während des Zweiten Weltkriegs Olga Mischakowa, Sekretärin des ZK der Organisation der kommunistischen Jugend, folgendermaßen äußerte:

> »Die sowjetischen Frauen sollen versuchen, sich so anziehend zu machen, wie die Natur und der gute Geschmack es nur erlauben. Nach dem Krieg sollen sie sich als Frauen kleiden und als Frauen bewegen. [...] Man muss den Mädchen sagen, sie sollten sich wie Mädchen betragen und bewegen, und deshalb wird man sie wahrscheinlich sehr enge Röcke tragen lassen, die sie zu einem anmutigen Gehen zwingen.«[16]

Manipulation, Zwang und Denunziation

Die Mujeres Libres sprachen sich wiederholt gegen jede Manipulation der Frauen für parteipolitische Zwecke aus, sowohl in ihrer eigenen Bewegung, der anarchistischen, als auch in den anderen republikanischen Organisationen. Für das Hauptziel der Mujeres Antifascistas hingegen, die Frauen für den Sieg über den Faschismus zu mobilisieren, schien es mitunter ausreichend, genügend Mitläuferinnen aufzutreiben, ohne diese ernsthaft zu informieren. Das kritisierten die Mujeres Libres, allerdings ohne die Mujeres Antifascistas oder die PCE direkt zu erwähnen:

> »Die Gruppe Mujeres Libres protestiert energisch gegen die Methode, die einige politische Gruppierungen benutzen, um unwissende Frauen in Demonstrationen und Märsche zu verwickeln, ohne jegliche Spontaneität, um Parteiarbeit zu betreiben.« (Mujeres Libres Nr. 7, 8. Monat der Revolution, 2. Seite)

Konkret geht es in diesem Fall um anonyme Flugblätter und Plakate, auf denen die Frauen durch die Verleihung einer »Auszeichnung der Liebe« dazu gebracht werden sollen, ihre Männer, Freunde und Söhne zu überreden, an die Front zu gehen.[17] Abgesehen davon, dass die Mujeres Libres es falsch finden, anonyme Schriften zu verteilen (da die »Fünfte Kolonne«, die Spitzel und Provokateure Francos innerhalb der republikanischen Zone, dann auf dieselbe Art für ihre Ideen werben könnte), könnte der Inhalt ihrer Meinung nach »weder beklagenswerter sein in bezug auf seine Einstellung zu Frauen noch unmenschlicher in bezug auf revolutionäre Gefühle.« (Mujeres Libres Nr. 7, 8. Monat der Revolution, 2. Seite) Statt das Volk für unmündig zu halten (weshalb es durch Auszeichnungen gelockt werden müsste, sich gegen den faschistischen Angriff zu wehren), plädieren die Mujeres Libres für eine allgemeine Mobilmachung und vor allem für eine Erhöhung und Verbesserung der Waffenlieferungen.

Während in diesem Fall die Frauen angesprochen wurden, versuchten die kommunistischen Gruppen auch, mit populistischen Phrasen direkt an die Männer zu appellieren, wie einer Reaktion in der Zeitschrift Mujeres Libres zu entnehmen ist:

»›Madrider, lasst nicht zu, dass eure Frauen von den Mauren geschändet werden‹ (Von einem Plakat in den Straßen Madrids)
Die hinlänglich bekannte List, animalische Gefühle zu wecken, damit die Männer in den Krieg ziehen, ist so alt wie nutzlos. Alt, weil sie in allen Kriegen existierte; nutzlos, weil, ist der Krieg einmal vorbei, das Zivilisationsniveau erhalten bleibt, mit dem das Leben wieder aufgenommen wird [...]. Den tierischen Instinkt zu verletzen war immer die beste Triebfeder, um Kriege zu entzünden, die Diktatoren und Tyrannen angingen mit speziellen Zielen, ohne dass sie sich auch nur im geringsten für fremdes Leben und fremde Güter interessierten. Diese Aufrufe aus anderen Zeiten sind unserem Kampf nicht angemessen.
Madrider, Kamerad, Bruder: Zum Kampf bewegt dich nicht die Angst vor maurischen Razzien, der Gefahr für christliche Frauen. Du kämpfst für ein aufsteigendes und positives Ideal, das dem zukünftigen Leben die Standhaftigkeit des Gefühls und des Verstandes geben wird. [...] Du brauchst keinen Ansporn von Opportunisten, die, um einen Sieg zu erringen – fast immer den einer Partei –, auf niedere Aufhetzung zurückgreifen.« (Mujeres Libres Nr. 6, 21. Woche der Revolution, 2. Seite)

Die Mujeres Libres gingen, wie schon erwähnt, davon aus, dass sich die Einstellungen der Menschen ändern müssten, damit eine herrschaftsfreie Gesellschaft aufgebaut und stabilisiert werden könne; durch eine instinktbezogene Mobilmachung wie die der Mujeres Antifascistas sahen sie diese Entwicklung gefährdet. Im Spanischen Bürgerkrieg zeigte sich außerdem, dass politisch bewusste FrontkämpferInnen durchaus Schlachten gegen ein gut ausgerüstetes modernes Heer gewinnen können.[18]

Für die Fälle, in denen die genannten Aufrufe nicht den gewünschten Erfolg zeigen, greifen die Mujeres Antifascistas zu drastischeren Mitteln. So fordern sie ihre Leserinnen im Mai 1937 dazu auf, nichtkämpfende Männer zu denunzieren:

»Kameradinnen, wir haben die Pflicht, die Verpflichtung, der Regierung zu helfen, sie [die Männer, die sich nicht zum Krieg melden, V.B.] zu entdecken. Damit nicht ein einziger es schaffe, sich von der Erfüllung seiner Pflicht zurückzuziehen, müssen wir ihn mit Energie dazu zwingen, wenn er es nicht freiwillig tut.« (Mujeres, 1. Epoche, Nr. 14, 8.5.1937, S. 2)

Während die Mujeres Antifascistas auf Gehorsamkeit und Disziplin setzten, warnten die Mujeres Libres vor blindem Gehorsam:

»Das mit der Disziplin ist ganz gut, aber Achtung! Die Disziplin, der blinde Gehorsam sind auch die ersten Bedingungen der Sklaverei. Wir sprechen nicht systematisch gegen die Disziplin, wir führen lediglich ihre Gefahren an.« (Mujeres Libres Nr. 7, 8. Monat der Revolution, 8. Seite)

Abhängigkeit vom Ausland

Wie schon erwähnt, waren die Mujeres Antifascistas äußerst eng mit der kommunistischen Partei verbunden, welche nach Kriegsbeginn zum verlängerten Arm der KPdSU wurde. In der Zeitschrift Mujeres kommen in jeder Ausgabe Lobeshymnen auf die UdSSR vor; die Nummer 2 der 2. Epoche, Dezember 1937, ist ihr sogar komplett gewidmet. Fast alle Artikel darin beschreiben einerseits das Heldentum und den Vorbildcharakter der sowjetischen Frauen und deren Hilfe für die spanischen Frauen (ohne zu nennen, worin diese besteht) und andererseits, wie gut es ihnen in der vorbildlichen Sowjetunion gehe – dies wird zu einem Zeitpunkt behauptet, als dort die stalinistischen »Säuberungen« stattfanden, bei denen fast alle ehemaligen sowjetischen Revolutionäre unter dem Vorwurf des Trotzkismus ermordet wurden. Zwischendurch geht es noch um glückliche russische Jugendliche, die Strafrechtsreform in der UdSSR und um die Solidarität zwischen ihr und Spanien. In der Beschreibung des russischen Films »Liebe und Haß«[19] zeigen die Mujeres Antifascistas wieder ihr traditionelles Frauenbild, ihren Opferbegriff und ihre überzogene Angst vor Verrat im Hinterland:

> »Dieser Film zeigt uns Frauen, wie wir den Männern helfen müssen, die ihr Leben in den Schützengräben geben, indem wir – auch auf Kosten unseres eigenen Lebens – alle Bewegungen des Feindes im Hinterland überwachen.« (Mujeres, 2. Epoche, Nr. 2, Dezember 1937, 14. Seite)

Die Mujeres Libres hingegen, die ja immer ihre Autonomie betonten, waren auch gegen Abhängigkeit von der Sowjetunion immun – erst recht, seit die KommunistInnen die AnarchistInnen verhaften ließen und ihren Divisionen keine Waffen aushändigten. Das einzige Land, das manchmal lobend und mit Vorbildcharakter in Mujeres Libres erwähnt wird, ist Mexiko, das neben der UdSSR die einzige offizielle Hilfe für die republikanische Seite lieferte. Bewunderung und Dank der Mujeres Libres sind aber immer auf konkrete Punkte bezogen; sie loben die Schulreform in Mexiko und bedanken sich dafür, dass Mexiko spanische Kinder aufnimmt.[20]

Der Dank für die uneigennützige Hilfe Mexikos ist gleichzeitig eine Spitze gegen die UdSSR:

> »Weder verteidigt es geographische Interessen, noch begehrt es das Metall unserer Minen, noch strebt es danach, uns eine bestimmte Politik aufzuerlegen, die gut für seine Regierung ist.« (Mujeres Libres Nr. 10, 2. Jahr der Revolution, 16. Seite)

An wen der Vorwurf der Verteidigung geographischer Interessen geht, ist mir nicht bekannt; die anderen beiden richten sich gegen die Sowjetunion. Diese hatte im Oktober 1936 den größten Teil der Goldreserven der spanischen Nationalbank (etwas mehr als 510 Tonnen Gold in Münzform) erhalten, zunächst nur, um das Geld außerhalb Spaniens zu sichern, doch dann behielt es die UdSSR als Bezahlung für die Waffen, die sie der spanischen Republik schickte.[21] Den Einfluss auf die Politik der republikanischen Zone, den die UdSSR durch die Unterstützung erhielt, habe ich bereits erwähnt.

In der letzten Nummer der Mujeres Libres, vom Oktober 1938, üben die Autorinnen scharfe Kritik an der Sowjetunion:

> »[...] den heutigen russischen Kommunismus, im Unterschied zum legitimen Spanien, interessiert es mehr, katholisch als christlich zu sein, ihn interessiert die Ordnung mehr als die Gerechtigkeit. Ihn interessiert die Form mehr als der Inhalt.« (Mujeres Libres Nr. 13, Oktober 1938, 24. Seite)

Im gleichen Monat wird in Mujeres Stalin als »der große Feminist« (el gran feminista) bezeichnet, mit der Begründung, er kümmere sich darum, dass mehr Frauen Arbeitsplätze erhielten. Gleichzeitig üben die Mujeres Antifascistas aber auch Kritik am Sexismus aller Parteien, also auch der Kommunistischen:

> »Alle politischen Parteien, alle ohne Ausnahme – trotz der Gleichheit, die alle, auch ausnahmslos, in ihren Programmen verfolgen – widersetzen sich der Mitarbeit der Frauen. Es reicht ihnen schon, dass die Frauen sie wählen.« (Mujeres, 2. Epoche, Nr. 1, Oktober 1938, 14. Seite)

Volksfront

Mit der Frage, wie eng die Zusammenarbeit mit den republikanischen Kräften gestaltet werden soll, hängt die Ansicht über den Charakter des Bürgerkriegs zusammen. Die Mujeres Libres interpretierten den Krieg als revolutionären Krieg, als Klassenkampf, den die Einheit der ArbeiterInnen gewinnen wird (Mujeres Libres Nr. 9, 11. Monat der Revolution, 1. Seite) – d.h. ein Zusammenschluss mit den republikanischen kapitalistisch-bürgerlichen Kräften lag nicht in ihrem Interesse, höchstens eine partielle Zusammenarbeit zur Niederschlagung des Faschismus. Ganz anders war die Sicht der Mujeres Antifascistas. Im Gegensatz zu den internationalistischen Mujeres Libres sahen sie im spanischen Staat ihr Vaterland, dem sie eine große Bedeutung zuschrieben. Auf dieser Grundlage konnten sie den Krieg weder als

Bürgerkrieg sehen, da die spanischen FranquistInnen ja dasselbe Vaterland wie sie hatten, noch als Klassenkampf – damit hätten sie das republikanische Bürgertum als Bündnispartner verloren. So kamen sie zu der Interpretation, dass der Krieg die Verteidigung des Vaterlands gegen die Invasion ausländischer Faschisten und gewaltbereiter maurischer Söldner sei.[22] Diese Sicht sollte außerdem die Außenwirkung haben, das kapitalistische Ausland zu beruhigen – denn die Verteidigung der eigenen Staatsgrenzen gegenüber einem ausländischen Angreifer war auch in deren Verständnis legitim.

Für das Ziel der Niederschlagung faschistischer Invasoren war die Volksfront – der Zusammenschluss mit nicht-revolutionären bürgerlichen, aber republiktreuen Parteien – bestens geeignet. Diesen Gedanken setzten die Mujeres Antifascistas schon in ihrer eigenen Organisation um, indem sie ihre kommunistische Nähe verschleierten, um auch für katholische oder nationalistische Republikanerinnen akzeptabel zu sein. Darüber hinaus bemühten sie sich immer wieder um einen Zusammenschluss aller Frauenorganisationen, um gemeinsam den Faschismus zu bekämpfen, wozu sie wiederholt auch die Mujeres Libres einluden. Diese jedoch sahen keinen Sinn in einem Zusammenschluss, was Lucía Sánchez Saornil in der anarchistischen Zeitschrift Solidaridad Obrera am 11.8.1938 begründete: Die Mujeres Libres sähen sich als Teil der anarchistischen Bewegung, und da sich alle republikanischen Kräfte in der antifaschistischen Volksfront zusammengeschlossen hätten, sei es für die Gruppe selbstverständlich, dass sie mit den anderen gegen den Faschismus kämpfe. Ein engerer Zusammenschluss der verschiedenen Richtungen jedoch komme nicht in Frage, da er »unvereinbar mit der menschlichen Vielfalt« sei. Die Mujeres Libres erkennen im Handeln der Mujeres Antifascistas vielmehr den Versuch, alle feministischen Gruppen zu dominieren.

> »[Die Gruppe Mujeres Libres] ist eine revolutionäre Organisation mit eigenen Ansichten über den Kampf in Spanien und einer klaren Vorstellung von ihrer Aufgabe, die über einen begrenzten Antifaschismus hinausgeht.
> Die Antifaschistischen Frauen sind dagegen in ihrer Zusammensetzung heterogen, ohne bestimmte Richtungen, den Geschicktesten und Kundigsten preisgegeben, die sie für sich ausnutzen wollen [...].«[23]

Mit dieser klaren Unterscheidung zwischen Zusammenarbeit und Zusammenschluss (mit Verlust der Autonomie) war es den Mujeres Libres möglich, einzelne Aktivitäten gemeinsam mit den Mujeres Antifascistas durchzuführen; ein Beispiel ist der gemeinsam organisierte Besuchsdienst in den Lazaretten. (Mujeres Libres Nr. 8, 10. Monat der Revolution, 2. Seite)

Zensur

Zum Schluss dieses Vergleichs möchte ich noch auf die Zensurmaßnahmen hinweisen, der die Zeitschriften unterworfen wurden.

Nummer 11 und 12 der Mujeres Libres, die zwischen Juli 1937 und Mai 1938 erschienen, wurden zensiert, was sich vor allem in der Nummer 11 in mehreren Artikeln durch geschwärzte oder geweißte Zeilen niederschlägt. In beiden Ausgaben steht jeweils relativ weit hinten (Seite 34 beziehungsweise 33) der Satz »Este número ha sido visado por la censura« (Diese Nummer ist von der Zensur gesichtet worden), ohne Angabe, durch wen die Zensur stattfand. Die Zensur wurde jedoch schlampig durchgeführt, so dass an manchen Stellen halbe Sätze stehengelassen wurden, in denen Kritik an den orthodoxen KommunistInnen geäußert wird. Zensurbalken sind zum Beispiel in einem kritischen Artikel zur mangelnden internationalen Solidarität unter den ArbeiterInnen nicht zu sehen, allerdings hört folgender Satz einfach mittendrin auf:

> »Welch äußerst seltsamer Internationalismus, der der Marxisten. Während in Spanien die Sozialisten an der Macht sind und Spanien von den wilden Horden des internationalen Faschismus angegriffen ist (Welch Ironie des Schicksals! Wenn die Faschisten, die gezeigt haben, dass sie einen wirklichen Sinn für internationale Solidarität haben, und es ist die Solidarität des Proletariats, des« (Mujeres Libres Nr. 11, 1938, 33. Seite)

Eine Glosse von Amparo Poch y Gascón wurde in der Nummer 11 (1938) komplett zensiert; seltsamerweise wurde jedoch die Überschrift noch stehengelassen. An einer Stelle mutet sich die Zensur fast lächerlich an: Hier geht es um zwei Fahnen, die die Gruppe Mujeres Libres einer anarchistischen Division und einem anarchistischem Bataillon überreichte, und durch die Zensur wurden jeweils die Nummern der beiden Formationen gestrichen. So bleiben dann seltsame Lobesrufe stehen: » ____ Division! ____ Brigade!« beziehungsweise: »Es lebe die Volksarmee! Es lebe die ____ Division! Es lebe die ____ Brigade!«. (Mujeres Libres Nr. 11, 1938, 40. Seite)

George Orwell bestätigt die Zensur durch die Kommunistische Partei; es habe eine Vorschrift gegeben, nach der die zensierten Stellen nicht stehenbleiben durften, sondern mit anderen Artikeln gefüllt werden mussten, so dass zum Beispiel in der Zeitung der POUM, La Batalla, und in der der CNT, Solidaridad, gar nicht mehr ersichtlich war, was und wie viel zensiert worden war.[24]

Auch in einer Ausgabe der Mujeres (Nr. 16, die am 22. Mai 1937 erschien) heißt es »Visado por la censura«; es wurde jedoch in keinem Artikel etwas geschwärzt, was wohl daran liegt, dass die Mujeres Antifascistas keine Kritik an den Kommunisten äußerten.

Bei diesem Zeitschriftenvergleich stellt sich vielleicht die Frage, ob die harte Kritik an den StalinistInnen nicht zu einseitig sei. Diese Zweifel sind verständlich vor dem Hintergrund, dass bis in die 70er Jahre neben der franquistischen Sicht die stalinistische Version dessen, was während des Bürgerkriegs in Spanien passiert war, vorherrschend war: Danach habe auf der republikanischen Seite die heldenhafte Volksfront, in der alle zusammenhielten, gekämpft. Diese undifferenzierte Sicht entspricht jedoch nicht der Realität, wie zahlreiche Quellen und Augenzeugenberichte belegen. Als erster dokumentierte Georg Orwell das tatsächliche, unsolidarische Verhalten der StalinistInnen; sein Buch »Mein Katalonien« erschien bereits 1938, also noch während des Bürgerkriegs, auf englisch, während die erste deutsche Übersetzung erst 1964 auf den Markt kam.

Anmerkungen

1 Mary Nash nennt die Organisation »Agrupación Mujeres Antifascistas« (Gruppe Antifaschistische Frauen), abgekürzt AMA, während in den Publikationen der Mujeres Libres immer »Mujeres Antifascistas« steht.

2 Mary Nash: Rojas, S. 111/112.

3 Archivo General de la Guerra Civil española (Salamanca).

4 Mary Nash: Rojas, S. 112.

5 Ebenda, S. 115.

6 Im spanischen Bürgerkrieg entspricht die Bezeichnung »orthodoxer Kommunismus« dem Begriff »Stalinismus«; »orthodox« deshalb, weil die PCE den Weisungen der Dritten Internationale (Komintern) und der KPdSU folgte – im Unterschied zur POUM, deren Mitglieder deshalb auch als »dissidente Marxisten« bezeichnet werden.

7 Mary Nash: Rojas, S. 114.

8 Ebenda, S. 119.

9 Juventudes Socialistas Unificadas (Vereinigte Sozialistische Jugend), 1936 aus der Fusion der Kommunistischen und der Sozialistischen Jugend entstanden.

10 Mary Nash: Rojas, S. 118.

11 Ebenda, S. 144-149.

12 Mujeres Libres Nr. 13, Übersetzung in: Mary Nash: Mujeres Libres (deutsch), S. 72.

13 Da es sich faktisch um eine Gruppe handelt, nenne ich die Autorinnen der Einfachheit halber immer Mujeres Antifascistas; anhand des in den Zeitschriften stehenden Zusatzes »1. Epoche« (für das Comité Nacional Femenino Contra la Guerra y el

Fascismo) und »2. Epoche« (für die Mujeres Antifascistas) kann trotzdem noch die Unterscheidung gemacht werden.

14 »Renegar« kann sowohl »verfluchen« als auch »sich lossagen« bedeuten; ich habe mich für die stärkere Variante entschieden.

15 Sabine Behn/Monika Mommertz: Wir kämpfen für Spanien, S. 108.

16 Olga Mischakowa 1944, zitiert in: Ingrid Strobl: Frauen im bewaffneten Widerstand, S. 30.

17 In diese Richtung zielt auch der von Dolores Ibárruri geprägte Slogan »Lieber die Witwe eines Helden als die Frau eines Feiglings sein«, der das Deckblatt der Mujeres Nr. 6 (1. Epoche, 13.3.37) ziert.

18 Das beste Beispiel dafür ist die Schlacht von Guadalajara, bei der sich auf beiden Seiten der Front Italiener gegenüberstanden. Den Kämpfern des italienischen Bataillons »Garibaldi«, das zur zwölften Brigade der Internationalen Brigaden gehörte, gelang es, viele italienische Faschisten zur Desertion und zum Überlaufen zu bewegen, indem sie mit Megaphonen und auf Flugblättern an die internationale Solidarität appellierten und die Faschisten aufforderten, sich mit ihnen zu verbrüdern. Bereits übergelaufene Italiener riefen durch das Megaphon, wie anständig die »Roten« in Wirklichkeit seien, und forderten ihre ehemaligen Kampfgenossen auf, sich ihnen anzuschließen. Die Zahl der noch verbleibenden Faschisten war so dezimiert und deren Stimmung so konfus, dass sie von den schlecht bewaffneten republikanischen Kämpfern besiegt werden konnten. Die Schlacht von Guadalajara bedeutete nicht nur einen militärischen Sieg, sondern ließ auch wieder den Glauben an die internationale Solidarität und die Kraft der »revolutionären Methoden defätistischer Propaganda« wachsen. (Pierre Broué/Émile Témime: Revolution und Krieg in Spanien, S. 320-323)

19 Die Spanierinnen nennen den Film »amor y odio«; wie der russische Originaltitel lautet, ist mir nicht bekannt.

20 Mujeres Libres Nr. 11, 1938, 27. Seite (ohne Numerierung)

21 Walther L. Bernecker: Krieg in Spanien, S. 109

22 In Mujeres Nr. 7, 1. Epoche, 20.3.1937 wird der antifaschistische Kampf mit dem Spanischen Unabhängigkeitskrieg gegen Napoleon verglichen: »[Die Mujeres Antifascistas in Madrid] arbeiten mit einem einzigen Gedanken: den ausländischen Invasor aus Madrid vertreiben – die Geste von Daoiz und Velarde wiederholend.« Daoiz und Velarde sind zwei spanische Nationalhelden; gegen die einmarschierenden Napoleonischen Truppen führten sie am 2. Mai 1808 den Widerstand der Madrider Bevölkerung an, womit der Spanische Unabhängigkeitskrieg gegen Frankreich begann.

23 Lucía Sánchez Saornil, in: Solidaridad Obrera, 8.11.1938, zitiert in: Mary Nash: Mujeres Libres (deutsch), S. 78-81.

24 George Orwell: Mein Katalonien, S. 245.

Mujeres Libres nach 1939

Diktatur

Wie alle auf der republikanischen Seite aktiv gewesenen Menschen standen die Mitglieder der Mujeres Libres nach Francos Sieg am 1.4.1939 vor dem Problem, einen sicheren Aufenthaltsort zu finden. Mir ist fast nichts über das Schicksal der 20.000 Mitglieder der Mujeres Libres bekannt, deshalb stelle ich im folgenden allgemein dar, wie es den spanischen Antifaschistinnen erging.

Repressionen

Nach dem franquistischen Sieg wurden alle Menschen, die auf der republikanischen Seite gekämpft hatten – an der Front oder im Hinterland –, offiziell zu VerbrecherInnen erklärt; Giuliana di Febo spricht von einem »unkontrollierten Geist der Rache«[1] der FranquistInnen gegenüber den RepublikanerInnen. Es zeugt von der gnadenlos repressiven Herrschaftsform Francos, dass auch noch Jahrzehnte später keine Generalamnestie gegeben wurde. Dies führte unter anderem dazu, dass während der Diktatur kaum eine der Frauen, die als antifaschistische Kämpferinnen Jahre in franquistischen Gefängnissen verbracht hatten, darüber berichten mochte.[2] Erst nach dem Tod des Diktators 1975 veröffentlichten einige ihre Erfahrungen oder sprachen in Interviews darüber. Alle dieser Frauen berichten von der Brutalität der AufseherInnen und von den unglaublich schlechten hygienischen Verhältnissen; im Madrider Frauengefängnis Ventas, das für 500 Häftlinge konzipiert war, lebten teilweise 10.000 bis 14.000 Frauen zur gleichen Zeit.[3] Bei dieser Überbelegung gab es ständig Krankheiten und Seuchen, dazu kam die Unterernährung. Verbale Übergriffe, Folter und Vergewaltigungen durch das Aufsichtspersonal und die Geheimpolizei waren häufig; die Frauen berichten, dass für die franquistischen Männer alle republikanischen Aktivistinnen »rote Huren« waren.[4] Das Alter der Frauen spielte dabei keine Rolle, auch Minderjährige und alte Frauen wurden vergewaltigt. Juana Doña, die 18 Jahre in franquistischen Gefängnissen verbrachte, sagt über die Vergewaltigungen:

> »Rape was daily fare; the abuse of power by men against women under those circumstances acquired dramatic proportions. The so-called ›reds‹ were less

> than nothing to the macho fascists. The rape of female prisoners had nothing to do with sexual desire; it was simply an act of power, humiliation, sadism.«[5]

Eine besondere Qual für die Frauen war, ihre kleinen Kinder neben sich sterben zu sehen. Kinder bis vier Jahre durften bei ihren inhaftierten Müttern bleiben, doch die meisten Frauen waren viel zu schwach, um ihre Babys zu stillen, so dass viele an Unterernährung starben.

Für die Angehörigen der Inhaftierten war besonders belastend, dass die Gefangenen oft in andere Gefängnisse verlegt wurden, die auch am anderen Ende Spaniens liegen konnten. Die inhaftierten Frauen selber wurden dadurch ständig aus den vertraut gewordenen Kreisen der anderen Gefangenen gerissen. Doch immer wird von der ungeheuren Solidarität berichtet, die sich in der Haft entwickelte: »They were conscious of solidarity in everything and they never permitted themselves to be demoralized.«[6]

Die ehemalige Frontkämpferin Fifi war zunächst in Madrid im Gefängnis, wo sie in einem absurden Prozess (ihr Verteidiger kannte sie gar nicht, und die Verhandlung dauerte nur wenige Minuten) zum Tode verurteilt wurde.[7] Nachdem sie mehrere Monate in verschiedenen Gefängnissen die Vollstreckung erwartet hatte, wurde ihre Strafe in eine Haftstrafe umgewandelt. In den vielen Gefängnissen, in denen sie acht Jahre inhaftiert war, herrschte ein gutes Klima unter den Gefangenen. Als sie wieder in das Madrider Gefängnis Ventas kam, organisierten sie und andere Frauen sich politisch und gründeten eine Zelle der Kommunistischen Partei;[8] sie setzten gegenüber der Gefängnisdirektion kleine Verbesserungen durch und standen morgens eine Stunde früher auf, um sich von inhaftierten Lehrerinnen unterrichten zu lassen.[9]

Nach ihrer Freilassung wurde Fifi die erste Lastwagenfahrerin Spaniens; nebenbei war sie bis zu Francos Tod für die verbotene Kommunistische Partei tätig. Doch auch nach dem Ende der Diktatur wurde sie noch von Faschisten verfolgt: Faschistische Männer aus dem Dorf, in dem sie wohnte, drohten ihr, dass sie sie umbringen werden, bis sie eines Abends handgreiflich wurden und Fifi mit dem Kopf so lange an die Hauswand schlugen, bis sie sie für tot hielten. Sie überlebte und zeigte die Männer an, die jedoch freigesprochen wurden (auch in zweiter Instanz, nachdem Fifi in Revision gegangen war).

Dass in den 50er Jahren viele Todesurteile in lange Haftstrafen umgewandelt wurden, führt Giuliana di Febo auf den Druck des Auslands zurück. Die USA und Westeuropa waren der spanischen Diktatur gegenüber weitgehend tolerant, da sie in ihr einen Verbündeten im Kalten Krieg sahen; die häufigen Hinrichtungen gerieten jedoch in den Blickwinkel der internationalen Öffentlichkeit und wurden dann durch subtilere Repressionsmaßnahmen ersetzt: Verhaftungen, Folterungen und die Schulung spezieller Anti-Guerilla-Einheiten.[10]

Innere Emigration

Ein großer Teil der republikanischen Frauen blieb in Spanien, zog sich in die sogenannte innere Emigration zurück und beugte sich, nach außen hin, unter die Diktatur. Auch für diese Frauen war das Leben nicht einfach; nachdem sie drei Jahre lang trotz der Kriegssituation relativ frei gelebt und gearbeitet hatten, wurden sie von der Diktatur wieder in ihre traditionelle Rolle als Hausfrau und Mutter gepresst, das Wahlrecht und viele andere Errungenschaften der Zweiten Republik wurden ihnen wieder aberkannt. Außerdem mussten gerade die besonders aktiv gewesenen Antifaschistinnen mit der ständigen Angst leben, von FranquistInnen erkannt und denunziert zu werden.

Lucía Sánchez Saornil ging schon vor der endgültigen Niederlage der republikanischen Seite im Januar 1939 ins französische Exil, wo sie in Paris anderen Flüchtlingen half. Als 1940 die Deutschen in Paris einmarschierten, floh sie nach Montauban (in der Nähe von Toulouse) und arbeitete dort mit Quäkern zusammen. Aus Angst, in ein Konzentrationslager nach Deutschland deportiert zu werden, immigrierte sie 1942 heimlich nach Spanien und lebte wieder in Madrid, bis sie eines Tages erkannt wurde und nach Valencia (zur Familie ihrer Lebensgefährtin) floh.

> »Die Angst vor den franquistischen Repressalien verwandelte sie in einen Maulwurf, in der mediterranen Stadt des Lichts, bis zum Jahre 1954, in dem sie ihre Situation legalisieren konnte. [...] Niemals mehr trat sie in der Politik auf oder veröffentlichte ihre Gedichte. Sie hatte zu niemandem Kontakt, was so weit ging, dass ihre eigenen Kameraden ihren Aufenthaltsort bis nach ihrem Tode nicht kannten.«[11]

Sie starb 1970 in Valencia[12], und sogar danach wurde nicht überall bekannt, dass sie die letzten 28 Jahre wieder in Spanien verbracht hatte; so schreibt Karin Buselmeier, die sich als eine der ersten deutschen HistorikerInnen mit den Mujeres Libres und anderen Frauen im spanischen Widerstand beschäftigte und einige von ihnen in Spanien interviewte, noch 1978, dass Lucía Sánchez Saornil seit 1939 in Paris lebe.[13]

Widerstand

Nach der republikanischen Niederlage organisierten vor allem kommunistische und anarchistische KämpferInnen den bewaffneten Widerstand gegen das Franco-Regime. Die aktivste Phase des Widerstands war von 1944 bis 1950 und konzentrierte sich in den Bergen.[14] Auch Frauen gingen in den Widerstand, doch die Zahl der Frauen, die Repressionen dafür erleiden mussten, war um vieles größer als die der tatsächlichen Kämpferinnen – als Familienangehörige von Widerstandskämpfern wurden sie festgenommen und inhaftiert. Es reichte aus, einem Partisanen zu essen gegeben zu haben, um zu zwanzig bis dreißig Jahren Haft verurteilt zu werden. Angehörige, egal welchen Alters, wurden für das »In die Berge Gehen« der Männer bestraft; alte Frauen wurden erhängt und zwölfjährige Mädchen vergewaltigt. »Dies war einer der anonymsten und höchsten Tribute, die dem antifranquistischen Kampf gezollt wurden«.[15]

Eine andere Strafe für die Familie des Kämpfers war der »pacto del hambre« (Hungerpakt), der darin bestand, der Frau keine Arbeit mehr zu geben, so dass sie in die tiefste Armut gezwungen wurde, wenn sie nicht aufgab und ihren Mann denunzierte.

Auf die Aktionen des bewaffneten Widerstands möchte ich hier nicht eingehen, sondern noch einen Aspekt darstellen, der – aufgrund der geschlechtsspezifischen Arbeitsteilung – vor allem die Frauen betraf. Viele der Frauen, die am Widerstand teilnahmen, standen vor dem Problem, was sie mit ihren Kindern machen sollten. Sie sahen sich vor die Wahl gestellt, für ein besseres Leben zu kämpfen und dabei die Kinder zunächst zu vernachlässigen, oder ein Leben in der Unterdrückung zu erleiden, in dem ihre Kinder nie die Freiheit kennenlernen würden. Zwei Berichte von Frauen, die sich trotz ihrer Zweifel für den Widerstand entschieden hatten, sind in Giuliana di Febos Buch abgedruckt.[16] Beide Frauen konnten ihre Kleinkinder mehrere Monate lang nicht sehen: Celia Llaneza musste sich in Frankreich vor der Polizei verstecken; Tomasa Cuevas Gutiérrez befand sich zwei Jahre wegen Bewegungsunfähigkeit im Krankenhaus – sie war auf einer Polizeiwache so gefoltert worden, dass sie eine Rückgratverkrümmung und Verletzungen im Genick behielt. Die Tochter von Celia Llaneza trug durch die Abwesenheit der Mutter (der Vater war von den Franquisten erschossen worden) und durch eine nicht kurierte Lungenentzündung bleibende psychische und physische Schäden davon, doch Celia Llaneza – wie auch Tomasa Cuevas Gutiérrez – steht auch heute noch zu ihrer damaligen Entscheidung:

»Ich glaube trotzdem, dass ich mich nicht für all das [die Krankheit der Tocher, V.B.] verantwortlich fühlen muss, obwohl mein Leiden über den Zustand meiner Tochter grenzenlos ist. Ich würde wieder tun, was ich getan habe, wenn es notwendig wäre.«[17]

Lager in Frankreich

Seit Anfang 1939 waren über eine halbe Million Menschen aus dem republikanischen Spanien über die katalanisch-französische Grenze geflohen – doch die Flucht brachte sie nicht in die Freiheit, da sie von der französischen Regierung abgefangen und in Lager am Mittelmeer (die bekanntesten waren Argelès-sur-Mer, Saint-Cyprien, Barcarès und Vernet d'Ariège-Septfonds) gebracht wurden. Als der Bürgerkrieg im April 1939 beendet war, befanden sich noch mindestens 236.000 Flüchtlinge in den französischen Lagern.[18] Dabei handelte es sich nicht um Flüchtlings-, sondern um Internierungslager, in denen die Menschen bis zum Ende des Zweiten Weltkriegs festgehalten wurden. Franquisten und deutsche Nationalsozialisten kamen immer wieder in die Lager und ließen republikanische KämpferInnen nach Spanien zur Verurteilung und Exekution oder in deutsche Konzentrationslager[19] abtransportieren. Die französischen Beamten, die die Lager leiteten, schikanierten die Flüchtlinge, indem sie ihnen die ohnehin geringen Essensrationen stahlen und ihre Ausreise ins Ausland erschwerten, und forderten sie immer wieder dazu auf, in das Land des »großen Retters« Franco zurückzukehren.[20]

Auch in dieser Situation schlossen sich die Menschen, Männer wie Frauen, zusammen. Eine von ihnen, Isabel Vicente, erzählt, dass sie Studienkreise und Versammlungen organisierten, und um den Schmutz, die Kälte und den Hunger zu vergessen, Volkstanzabende veranstalteten. In den Lagern herrschte eine große Solidarität; die Menschen halfen sich gegenseitig und ließen Schwächere nicht im Stich – es waren ja auch viele Waisenkinder und alte Menschen dabei, die auf Hilfe angewiesen waren. Als Isabel Vicente mit anderen Flüchtlingen in einem Viehwaggon in ein anderes Lager gebracht werden sollte und sich die Möglichkeit einer Flucht ergab, verzichteten die anderen darauf, da Isabel Vicente mit ihrem im Lager geborenen Baby nicht hätte mitkommen können.[21] Die ehemalige Parlamentsabgeordnete Victoria Kent organisierte Transport- und Nahrungsmittel, und als der Zweite Weltkrieg begann, verhalf sie Menschen zur Flucht aus den Lagern.[22]

Exil

Viele Frauen, denen die Flucht ins Ausland gelungen war, engagierten sich auch dort, sei es im dortigen antifaschistischen Widerstand – vor allem in Frankreich war dies der Fall –, sei es im sozialen Bereich.

Amparo Poch y Gascón ging 1939 ins Exil; zunächst half sie den Flüchtlingen in den französischen Lagern, dann leitete sie ein Krankenhaus in Toulouse, in dem sich die spanischen WiderstandskämpferInnen behandeln ließen. 1968 starb sie im Exil, in Toulouse.[23]

Auch Mercedes Comaposada verließ 1939 Spanien. Zusammen mit ihrem Lebensgefährten Baltasar Lobo ging sie nach Paris, wo die beiden aufgrund des Engagements von Pablo Picasso geduldet wurden. Mercedes Comaposada wurde Picassos Sekretärin; außerdem übersetzte sie spanische AutorInnen und schrieb selbst mehrere Bücher. Später wurde sie die Managerin von Baltasar Lobo, der sich im Exil auf Skulpturen spezialisiert hatte – trotz ihres »militanten Feminismus«, wie die noch lebenden Mujeres Libres-Mitglieder über sie im Rückblick schreiben. Mercedes Comaposada starb 1994.

Exilzeitschrift

Ab 1964 erschien die Exilzeitschrift Mujeres Libres en exilio, die zunächst in London, dann in Capestang in Südfrankreich (nahe der spanischen Grenze) herausgegeben wurde. Neugegründet wurde sie von Suceso Portales, die zusammen mit Sara Guillén und anderen ehemaligen Mitgliedern, aber auch Neuhinzugekommenen, die Artikel schrieb und die Zeitschrift redigierte.[24] Über die Exilzeitschrift habe ich leider nicht viel gefunden, auch kein Exemplar oder Abdrucke einzelner Artikel davon zu Gesicht bekommen. Karin Buselmeier schreibt, es gebe darin »Artikel über Familie, Empfängnisverhütung, ›bewusste Mutterschaft‹, Kindererziehung; zahlreiche Rezensionen über historisch-politische, pädagogische und vor allem belletristische Literatur; alte und neue Gedichte; aktuelle Meldungen über Repression in Spanien und anderswo oder Informationen über libertäre Gruppen in aller Welt.«[25] Die Artikel erschienen auf spanisch, französisch und englisch.

Thomas Kleinspehn spricht im Vorwort zur deutschen Übersetzung von Mary Nashs Textsammlung »Mujeres Libres« etwas distanziert von der Exilzeitschrift:

> »Für diesen Band nicht berücksichtigt wurde dagegen die in der Emigration in Frankreich zeitweilig erschienene Zeitschrift mit gleichem Namen, die sich als Fortsetzung von ›Mujeres Libres‹ verstand, da uns die Bedingungen zu unterschiedlich erschienen.«[26]

Mit den »unterschiedlichen Bedingungen« ist vielleicht gemeint, dass eine Exilzeitschrift nur Zeitschrift, nicht aber eine Verbindung von Theorie und Praxis sein kann. Die Mitarbeiterinnen der Exilzeitschrift nahmen sich zwar Themen an, die auch von Anarchistinnen diskutiert werden, die jedoch ohne die Möglichkeit der Praxis vom Revolutionären ins Reformistische abgleiten. Dies ist keineswegs eine Abwertung dieser Zeitschrift, sondern lediglich eine Überlegung zu dem, was eine Exilzeitschrift überhaupt leisten kann. Karin Buselmeier und Mary Nash erwähnen lediglich die Herausgabe der Exilzeitschrift, wobei aus Mary Nashs Satz nicht genau hervorgeht, ob es auch weitere Aktivitäten der Mujeres Libres im Exil gegeben hat:

> »Später, im Exil, war sie [Suceso Portales] eine derjenigen, die Mujeres Libres neu organisierte und deren Zeitschrift während des Franco-Regimes weiter herausgab.«[27]

Pepita Estruch, die während des Bürgerkriegs Mitglied der anarchistischen Jugendorganisation JJLL war und sich erst im Exil den Mujeres Libres anschloss, berichtet außerdem von Demonstrationen, Vortragsreisen und Solidaritätsfesten, die die Gruppe im Exil organisiert habe; leider schreibt sie nichts Näheres, nicht einmal, wo diese Aktivitäten stattfanden.[28]

In welchem Rhythmus die Exilzeitschrift publiziert wurde und wie viele Ausgaben es gab, ist mir nicht bekannt. Die Redaktion löste sich jedoch nicht gleich nach Francos Tod und dem Ende der Diktatur auf, sondern publizierte Mujeres Libres noch bis Anfang 1977, als sich das Erscheinen der Zeitschrift in Spanien selbst abzeichnete.

Neugründung der Gruppe

1976 gründeten Anarchistinnen in einigen Städten Spaniens – Barcelona, Madrid, Sevilla, Valencia und Zaragoza – wieder Mujeres Libres-Gruppen. In einem Interview im Juli 1977 mit dem ID, dem Informationsdienst zur Verbreitung unterbliebener Nachrichten, erzählen Mitglieder der Mujeres Libres in Barcelona, wie sie auf die Idee zur Neugründung kamen:

> »Vor 1 ½ bis 2 Jahren kam das Buch von Mary Nash über die Mujeres Libres heraus. Einige Genossinnen der CNT haben sich dafür interessiert, haben es gelesen und daraufhin die Mujeres Libres neugründen wollen. Ein wichtiger Punkt für die Entstehung war wohl auch, dass es innerhalb der CNT sehr viel Chauvinismus gibt und die CNT nicht geantwortet hat auf Bedürfnisse, die in dieser Richtung liefen. Wir haben also die Mary Nash gelesen und dann die Mujeres Libres gegründet.«[29]

Im Mai 1977 brachte die Gruppe in Barcelona die erste Nummer von »Mujeres Libres. Gruppe Barcelona, II. Epoche« heraus. Die zweite Ausgabe erschien im Juni 1977, die dritte im Juli/August 1977 und die vierte 1978. Ob die Zeitschrift danach weitergeführt wurde – und ob die Gruppen selbst noch weiter bestanden –, ist mir nicht bekannt.

Anders als die »alten« Mujeres Libres ist die neue Gruppe (jedenfalls die in Barcelona) keine reine Frauengruppe, sondern nimmt auch Männer auf. Dies begründen die Mitglieder damit, dass sie offen seien für alle, die sich mit dem »Frauenproblem« beschäftigen möchten – also auch Männer. Von Frauengruppen, die nicht nur keine Männer aufnehmen, sondern auch die Männer als willentliche Unterdrücker hinstellen, distanzieren sie sich:

> »Wenn irgend jemand angegriffen werden muss, sind es DIE MÄNNER UND FRAUEN, DIE SICH DER BEFREIUNG DES MENSCHEN WIDERSETZEN.
> Wenn auch viele Männer die Rolle der Ausbeuter spielen und aus ihrer männlichen Natur als Väter, Ehemänner, Brüder, Polizisten und Besitzer der Frauen Vorteile ziehen, um ihre Wünsche durchzusetzen, so fügen sich auch sehr viele Frauen in ihre Rolle der Unterdrückung und Abhängigkeit und tragen dadurch mit dazu bei, dass die patriarchalische und diktatorische Familie aufrecht erhalten bleibt, wie man es in jeder Gesellschaft antreffen kann.«[30]

Thomas Kleinspehn hat in die deutsche Übersetzung von Mary Nashs Sammlung »Mujeres Libres« einige Artikel aus den ersten vier Ausgaben der neuen Zeitschrift mit aufgenommen. Die Themen und Einstellungen sind denen der »alten« Mujeres Libres ähnlich; teilweise berufen sie sich auch auf ihre Vorgängerinnen. Neu hinzu kommen Themen wie Homosexualität – was Lola Iturbe, eine ehemalige Kämpferin der Mujeres Libres, befremdet, da dies für sie eine private Entscheidung, keine politische, ist.[31]

In der Aufnahme auch solcher Themen zeigt sich jedoch meines Erachtens sehr gut, dass eine politische Gruppierung nie außerhalb ihrer sozialen Umgebung besteht – so dass eine anarchafeministische Gruppe in den 70er Jahren zwar die gleiche Grundüberzeugung wie eine anarchafeministische Organisation in den 30er Jahren haben kann, aber natürlich auch auf die Einflüsse der neuen Zeit reagiert.

Erinnerungen der Frauen

Durch die wachsende Berücksichtigung der »oral history« in der Geschichtswissenschaft konnten einige Informationen über die Lebenswirklichkeiten von Frauen gewonnen werden, die ohne die Erzählung der Beteiligten nicht in das kollektive Gedächtnis hätten eingehen können. Dabei darf jedoch nicht von dem historischen Kontext der Interview-Situation abstrahiert werden. Mary Nash schreibt, dass ehemalige Mitglieder der Mujeres Libres in Interviews Anfang der 70er – als es in Spanien noch keine neue Frauenbewegung gab – kaum auf die feministischen Ideen ihrer Gruppe eingingen, sondern vor allem die anarchistische Ausrichtung betonten. In späteren Interviews wurden hingegen auch die feministischen Forderungen und Überzeugungen erinnert.

Wie sich die Erinnerung auch jeweils – unbewusst – den Normen der Gegenwart anpasst, sieht Nash auch darin bestätigt, dass Anfang der 70er Jahre ein ehemaliges Mitglied die Homosexualität von Lucía Sánchez Saornil missbilligend erwähnte, während in einem Dokumentarfilm der 90er Jahre die interviewten Frauen dies offen anerkannten.[32]

Ein weiteres Phänomen fällt beim Lesen zweier Interviews auf: Sowohl die bereits erwähnte Clara Thalmann als auch Emilienne Morin, die Lebensgefährtin von Buentaventura Durruti, spielen das sexistische Verhalten der anarchistischen Genossen, das diese auch noch während des Spanischen Bürgerkriegs an den Tag legten, herunter. Thalmann und Morin waren zwar nicht Mitglieder der Mujeres Libres oder einer anderen feministischen Organisation; trotzdem finde ich ihre Reaktionen auf die Fragen der Interviewerin, Karin Buselmeier, für zwei anarchistische Kämpferinnen aus dieser revolutionären Zeit überraschend. In dem Interview mit Clara Thalmann versucht Karin Buselmeier mehrmals, Kritik am Verhalten der männlichen Revolutionäre zu provozieren, worauf Clara Thalmann jedesmal die Männer verteidigt – und zwar damit, dass die Tradition die Frauen so unterdrückt hatte, dass man nun weder von den Frauen selbst noch von den Männern verlangen konnte, dass sie diese jahrhundertelange Tradition von einem Tag auf den anderen völlig abschaffen. Auch als Buselmeier darauf beharrt, dass die Anarchisten doch schon die ganze Zeit Gleichberechtigungsgedanken in ihrer Theorie führten und diese in der historischen Situation der Revolution auch praktisch umsetzen könnten, entschuldigt Thalmann die Männer mit der bis dahin bestehenden Allmacht der katholischen Kirche über die Frauen.[33] Die Einführung des Familienlohns in manchen anarchistischen

Kollektiven, durch den Frauen und Kinder dem Familienvater unterstellt und von ihm abhängig gemacht werden, verteidigt Thalmann ebenfalls mit der alten Tradition, und selbst die Tatsache, dass anarchistische Männer ins Bordell gingen (während anarchistische Frauen wie die Mujeres Libres die Freier als die »Täter« ansahen und versuchten, die Prostituierten aus ihrer unwürdigen Situation zu befreien), findet Thalmann nicht weiter schlimm.[34]

Auch Emilienne Morin äußert im Interview mit Karin Buselmeier Verständnis für das patriarchale Verhalten ihres Lebensgefährten:

> »Rosa, z.B., die einzige Schwester Durrutis, war das Dienstmädchen ihrer Brüder. Beim Essen hat sie serviert und sich selbst erst an den Tisch gesetzt, nachdem die Männer fertig waren. Das war das durchaus Übliche in Spanien, auch bei vielen Anarchisten. [...] Oder einmal, auch noch in der ersten Zeit in Spanien, war er Sonntag morgens weggegangen zu einer Versammlung. Ich bin spät aufgestanden, und als er zurückkam, war nichts vorbereitet. Er war überrascht. Aber ich habe zu ihm gesagt: Ich arbeite die ganze Woche über, und am Sonntag habe ich das Recht, mich ein bisschen auszuruhen, oder meinst du nicht? Er hat nichts gesagt, er konnte nicht, denn er fühlte, dass ich recht hatte. Im Prinzip war er für eine volle Integration der Frauen ins gesellschaftliche Leben, aber wie das dann praktisch aussähe, darüber hat auch er sich wenig Gedanken gemacht; da bekam die alte Erziehung doch die Übermacht.«[35]

Genau diese Diskrepanz zwischen Theorie und Praxis der männlichen Anarchisten war es doch, wogegen sich die Mujeres Libres auflehnten, weshalb sie erst auf die Idee kamen, eine eigene anarchistische Frauenorganisation zu gründen. Dass Clara Thalmann und Emilienne Morin nun im Rückblick nichts Negatives am Verhalten ihrer Genossen finden – im Unterschied zum Beispiel zu Conxa Pérez, die heute eine kritischere Sicht einnimmt –, kann sowohl daran liegen, dass sie auch damals schon sehr tolerant gegenüber patriarchalem Verhalten waren, als auch daran, dass sie die enthusiastische Revolutionsphase im Nachhinein nicht schlechtreden möchten.

Anmerkungen

1 Giuliana di Febo: Resistencia y movimiento de mujeres en España, 1936-1939. Icaria, Barcelona 1984, S. 17.

2 Juana Doña veröffentlichte ihre Erfahrungen bereits 1967, aber als Roman verfremdet und mit erfundenen Namen der ProtagonistInnen, da sie zu dieser Zeit im Widerstand aktiv war und nicht in ihrer Erzählung Hinweise auf ihr Leben geben wollte. In: Shirley Mangini: Memories of Resistance. Female Activists from the Spanish Civil War. In: Signs. Journal of Women in Culture and Society. 1991, Vol.17, Nr. 1 (S. 171-186), S. 184/185.

3 Ebenda, S. 182.

4 Angeles García Madrid (sie saß drei Jahre in franquistischen Gefängnissen), in: ebenda, S. 183.

5 Juana Doña, in: ebenda, S. 186.

6 Angeles García Madrid, in: ebenda, S. 183.

7 Nach einer Kriegsverwundung war Fifi für den Kommunistischen Geheimdienst CIF tätig gewesen; dafür wurde sie zum Tode verurteilt. Ingrid Strobl: Frauen im bewaffneten Widerstand, S. 55.

8 Ebenda.

9 Carmen Alcalde: La mujer en la Guerra Civil española. Ed. Cambio 16, Madrid 1976, S. 171f.

10 Giuliana di Febo: Resistencia y movimiento de mujeres, S. 86/87.

11 Mujeres Libres: Luchadoras Libertarias, S. 17.

12 Ebenda, S. 16.

13 Karin Buselmeier: Frauen in der Spanischen Revolution, S. 12.

14 In Extremadura, Galizien und Andalusien hatte sich der erste Widerstand bereits während des Bürgerkriegs formiert, nämlich als diese Regionen von den Franquisten besetzt wurden.

15 Giuliana di Febo: Resistencia y movimiento de mujeres, S. 77ff.

16 Ebenda, Dokumentarischer Anhang I, Dokument Nr. 9: Celia Llaneza, S. 106-114, und Nr. 11: Tomasa Cuevas Gutiérrez, S. 115-121.

17 Zitiert in: Giuliana di Febo: Resistencia y movimiento de mujeres, S. 111.

18 Walther Bernecker: Krieg in Spanien, S. 98.

19 Die meisten Spanienkämpfer, die nach Deutschland verschleppt wurden, kamen in das Lager Mauthausen, wo sie Zwangsarbeit im Steinbruch leisten mussten, bis sie an Erschöpfung starben oder erschossen wurden. Die Spanienkämpferinnen wurden in das Frauenkonzentrationslager Ravensbrück gebracht, von wo aus 2.500 von ihnen ebenfalls nach Mauthausen verlegt wurden, als die sowjetischen Soldaten heranrückten. Giuliana di Febo: Resistencia y movimiento de mujeres, S. 69.

20 Ebenda, S. 63-66.

21 Ebenda, S. 64/67.

22 Ebenda, S. 64.

23 Mujeres Libres: Luchadoras Libertarias, S. 20.

24 Giuliana di Febo schreibt, auch Lucía Sánchez Saornil sei an der Neugründung beteiligt gewesen, was mir aber unwahrscheinlich erscheint, da sie zu dieser Zeit laut Aussage ihrer ehemaligen Mitstreiterinnen ohne deren Wissen in Valencia lebte und den Kontakt zu ihnen abgebrochen hatte. Giuliana di Febo: Resistencia y movimiento de mujeres, S. 73.

25 Karin Buselmeier: Frauen in der Spanischen Revolution, S. 117.

26 Thomas Kleinspehn, in: Mary Nash: Mujeres Libres (deutsch), S. 11.

27 Mary Nash: Rojas, S. 133.

28 Pepita Estruch, in: Mujeres Libres: Luchadoras Libertarias, S. 87.

29 Lola, Mitglied der Mujeres Libres in Barcelona, in: ID: Interview mit den Mujeres Libres, S. 124.

30 Mujeres Libres, 2. Epoche, Nr. 2, Juni 1977. In: Mary Nash: Mujeres Libres (deutsch), S. 131 (Hervorhebung nicht von mir, V.B., d.h. entweder im Original oder von Thomas Kleinspehn).

31 In: Karin Buselmeier: Emilienne Morin und Lola Iturbe, S. 111.

32 Mary Nash: Rojas, S. 143/144.

33 Karin Buselmeier: Interview mit Clara Thalmann, S. 15.

34 Ebenda, S. 29-33.

35 Karin Buselmeier: Emilienne Morin und Lola Iturbe, S. 105.

Schluss

Die Mujeres Libres waren eine anarchistische und feministische Gruppe, die in der republikanischen Zone während des Spanischen Bürgerkriegs aktiv war. Drei Monate vor dem Beginn des Krieges gegründet, stieg durch den Krieg und die damit zusammenhängende soziale Revolution nicht nur die Anzahl ihrer Mitglieder auf ungefähr 20.000 Frauen an, sondern auch ihre Handlungsmöglichkeiten und deren Bedeutung wuchsen. Als Gründerinnen des »proletarischen Feminismus« strebten die Mitglieder die Befreiung der Frau innerhalb einer umfassenden sozialen Revolution an. Auf dem Weg dorthin waren die beiden Hauptziele der Gruppe einerseits die Ausbildung und Bildung der Frauen; dies sollte sowohl zur ökonomischen Unabhängigkeit, als auch zu Selbstbewusstsein und kritischem Denken führen, was als die zwei Grundvoraussetzungen für die Befreiung der Frau angesehen wurde. Andererseits hatten die Mujeres Libres das Ziel, Frauen für die anarchistische Bewegung zu begeistern, um der Bewegung mehr Stärke für die Durchführung der sozialen Revolution zu geben und um mehr Gewicht auf die Befreiung der Frau innerhalb der anarchistischen Organisationen zu legen. Die spanischen Bezeichnungen der beiden Ziele lauten »capacitación« (Befähigung) und »captación« (Gewinnung).

Die Mujeres Libres gingen davon aus, dass sie als Frauen einen doppelten Kampf (»doble lucha«) zu führen hätten: mit den Männern zusammen gegen die Unterdrückung durch die Herrschenden, um zu einer herrschaftsfreien Gesellschaft zu gelangen, und gleichzeitig gegen ihre Unterdrückung als Frau, wobei sie gegen die sexistische Tradition ankämpfen müssen, die sich sowohl in den Männern als auch in den Frauen selbst festgesetzt hat.

Durch die Kriegssituation und das nur fast dreijährige Bestehen der Gruppe kamen die Mujeres Libres nicht dazu, eine umfassende Theorie auszuarbeiten. Statt dessen konzentrierten sie sich immer stärker auf die Praxis. Neben der Herausgabe der gleichnamigen Zeitschrift und weiteren Einzelpublikationen unterrichteten sie in ihren Instituten Frauen der Arbeiterklasse; diese erhielten dort nicht nur eine Grundbildung, sondern konnten auch Berufe erlernen. Die Mujeres Libres waren der Ansicht, dass zur Schaffung einer freien Gesellschaft eine grundlegende Veränderung in den Menschen stattfinden muss, mit der am besten im Kindesalter begonnen wird; deshalb arbeiteten sie an Konzepten für eine neue Pädagogik. Ein weiteres Projekt beschäftigte sich damit, die Prostituierten von ihrem Beruf zu »befreien« und ihnen durch medizinische Betreuung und Bildungsangebote die Möglichkeit zu geben, in einem anderen Beruf ökonomische Unabhängigkeit zu erlangen. Diese Arbeitsbereiche der Mujeres Libres hatten zwei Auswirkungen: Sie trugen zur Emanzipation der Frauen und zu einem Wandel in den Einstellungen der Menschen bei und stellten gleichzeitig eine Kriegsunterstützung der republikanischen Zone dar, da die Frauen durch ihre Ausbildung in der Lage waren, die Kriegsindustrie und Lebensmittelproduktion im Hinterland aufrechtzuerhalten.

In den Publikationen der Mujeres Libres wird eine humanistische und emanzipatorische Einstellung deutlich; in Übereinstimmung mit ihren anarchistischen Überzeugungen forderten die Frauen eine umfassende Revolutionierung der Gesellschaft, um zu einem herrschaftsfreien Zusammenleben zu gelangen. Ihre Ideen beschränkten sich nicht auf eine politische oder wirtschaftliche Veränderung, sondern bezogen sich auch auf einen Wandel in den Einstellungen der Menschen. Mit ihrer Vorstellung, dass eine freie, die Eigeninitiative der Kinder fördernde Erziehung eine Grundlage für die Entwicklung eines kritischen Denkens ist, bezogen sie sich auf neuere Erkenntnisse der Psychoanalyse.

Die Mujeres Libres haben sich mit ihren revolutionären Forderungen hohe Ziele gesteckt, so dass sich die Frage stellt, ob sie ihrem Anspruch auch gerecht wurden. Da wir ihre Aktivitäten nur durch ihre eigenen Publikationen kennen, ist es schwierig, die Auswirkungen abzuschätzen, die diese gehabt haben könnten. Andererseits sind die hohe Mitgliederzahl und die große Verbreitung der Gruppen in der republikanischen Zone ein Beweis dafür, dass sich viele Frauen angesprochen fühlten. Im Unterschied zu den von Männern dominierten anarchistischen Organisationen gingen die Mujeres Libres auf die Bedürfnisse der durchschnittlichen Frau der Arbeiterklasse ein und versuchten nicht, diese einfach in die bestehende gewerkschaftliche und politische Arbeit zu integrieren. In den Ausführungen zu den früheren kollektiven Aktionen der spanischen Arbeiterfrauen ist klargeworden, dass die Frauen eine andere Art sozialen und politischen Engagements als die Männer bevorzugten, nämlich Aktionen, die auf Missstände in der Lebensqualität reagierten und im öffentlichen Raum, nicht im Betrieb, durchgeführt wurden. Viele Vorschläge und Forderungen der Mujeres Libres beschäftigen sich mit dem Bereich des täglichen Lebens, wie zum Beispiel ihre Versuche, die Nahrungsmittelverteilung zu verändern, damit nicht ein Großteil der Frauen täglich mehrere Stunden in Schlangen vor Lebensmittelläden verbringen muss. Die Einstellungen der aktivsten Mitglieder der Mujeres Libres waren sicher revolutionärer als die der Frauen, die sie ansprechen wollten; viele Frauen traten nur in die Gruppe ein, um an den Bildungs- und Arbeitsprogrammen teilzunehmen – aber auch dadurch veränderte sich ihr Bewusstsein von sich selbst und ihrer Umwelt. Dass die meisten Aktivistinnen der Gruppe aus der Arbeiterklasse stammten, trug zu ihrem Verständnis der Situation der Frauen, die sie erreichen wollten, bei. Auch auf die theoretische Arbeit der Mujeres Libres hatte dieses Verständnis Auswirkungen; als Arbeiterinnen, die sowohl die klassen- als auch die geschlechtsspezifische Unterdrückung erlebten, entwickelten die Mitglieder als erste Gruppe überhaupt anarchafeministische Ansätze. Im Unterschied zu früheren feministisch denkenden Anarchistinnen waren sie nicht bereit, sich von ihren feministischen Forderungen zu trennen.

Deutlich werden die Kompromisse, die die Mujeres Libres zwischen ihren revolutionären Überzeugungen und der Kriegsrealität eingehen mussten. Den angeordneten Rückzug der Frauen von der Front akzeptierten sie nicht nur, sondern verteidigten ihn sogar in ihrer Zeitschrift, und die Auswahl der Unterstützungsarbeiten entspricht zu einem großen Teil den traditionell weiblichen Aufgaben. Dies möchte ich jedoch nicht einfach als Scheitern ihrer feministischen Ansprüche interpretieren. Angesichts der Tatsache, dass eine breite Bevölkerungsmehrheit die geschlechtliche Arbeitsteilung befürwortete, hätten sich die Mujeres Libres isoliert, wenn sie dagegen gekämpft hätten. Und während den Frauen der Frontkampf verwehrt wurde, führte dies gleichzeitig dazu, dass die Frauen die Produktion im Hinterland übernahmen, was ebenfalls den Forderungen der Gruppe entsprach. Keineswegs in allen Fällen passten sich die Mujeres Libres der Regierungsmeinung an, sondern protestierten in den Punkten, in denen sie die Fortsetzung der Revolution grundlegend gefährdet sahen, wie zum Beispiel der Unterdrückung der Meinungsvielfalt und des kritischen Denkens durch die StalinistInnen.

Es ist beeindruckend, wie viele verschiedene Projekte die Mujeres Libres organisierten, ohne Rückendeckung durch eine große Organisation zu haben. CNT, FAI und FIJL stellten ihnen zwar Räumlichkeiten zur Verfügung und unterstützten sie gelegentlich finanziell, befürworteten jedoch nicht ihre Existenz – deshalb brauchten die aktiven Mitglieder der Mujeres Libres sicher viel Kraft und Selbstbewusstsein, um nicht aufzugeben.

Die Arbeit und die Existenz der Gruppe wurden gewaltsam von außen beendet; es bleibt also – wie bei den Kollektivierungen und Sozialisierungen während dieser drei Jahre – Spekulation, wie sie weitergemacht, was sie erreicht hätten. Unter der Diktatur von Franco wurde die Freiheit der Frauen noch mehr unterdrückt als vor dem Bürgerkrieg, d.h. eine langfristige Verbesserung der Lebenswirklichkeit von Frauen bewirkten die Mujeres Libres nicht. Doch trotz des Krieges und der nachfolgenden Unterdrückung haben die spanischen Frauen, die damals aktiv gewesen waren, etwas gewonnen: Sie hatten drei Jahre in einer Revolution gelebt und ihr Leben selbst in die Hand genommen. Viele von ihnen behielten die Zeit des Bürgerkriegs als die freieste Zeit ihres Lebens in Erinnerung.

Schon jetzt lässt sich sagen, dass den Mujeres Libres ein wichtiger Platz in der Geschichte der sozialen Befreiungsbewegungen zukommt; weitere Forschung wird nötig sein, um mehr über ihren tatsächlichen Einfluss, ihre Aktivitäten und deren Auswirkungen herauszufinden. Meine Arbeit sehe ich als einen Versuch, die Forschung über ihr Wirken auch im deutschsprachigen Raum bekannt zu machen.

Quellen- und Literaturverzeichnis

Quellen

Mujeres. Organo del Comité Nacional Femenino Contra la Guerra y el Fascismo. Comité Nacional Contra la Guerra y el Fascismo, Bilbao 1937. Primera época, Nr. 1 (6.2.1937) – Nr. 19 (12.6.1937), wöchentlich. Archivo General de la Guerra Civil Española, Salamanca

Mujeres. Revista mensual del Comité Nacional de Mujeres Antifascistas. Comité Nacional de Mujeres Antifascistas, Valencia 1937. Segunda época, Nr. 1 (Oktober 1937), Nr. 2 (Dezember 1937). Archivo General de la Guerra Civil Española, Salamanca

Mujeres Libres. Cultura y documentación social. CNT – AIT – FAI, Madrid/Barcelona 1936-1938. Nr. 1-3 (Mai, Juni, Juli 1936), ohne Nr. : 32. Tag der Revolution, 65. Tag der Revolution, 21. Woche der Revolution, 8. Monat der Revolution, Nr. 8 (10. Monat der Revolution), Nr. 9 (11. Monat der Revolution), Nr. 10 (2. Jahr der Revolution), Nr. 11 (ohne Datum), Nr. 12 (Mai 1938), Nr. 13 (Oktober 1938). Archivo General de la Guerra Civil Española, Salamanca (früher: Archivo Histórico Nacional, Sección Guerra Civil, Salamanca)

Mujeres Libres: Cómo organizar una agrupación. Ohne Ort, 1937 Biblioteca Nacional, Madrid

Mujeres Libres: Finalidades de la agrupación Mujeres Libres. Madrid, ohne Datum Biblioteca Nacional, Madrid

Literatur

Abella, Rafael: La vida cotidiana durante la guerra civil. Planeta, Barcelona 1973/1975; 2 Bände (Bd.1: La España nacional, Bd.2: La España republicana)

Ackelsberg, Martha A.: Free Women of Spain. Anarchism and the Struggle for the Emancipation of Women. Indiana University Press, Bloomington 1991

Ackelsberg, Martha A.: Mujeres Libres: Individualität und Gemeinschaft – Organisierung von Frauen während des Spanischen Bürgerkriegs. Übersetzt von Jörg Auberg. In: Schwarzer Faden Nr. 21, 2/86; S. 28-37

Alcalde, Carmen: La mujer en la Guerra Civil española. Ed. Cambio 16, Madrid 1976

Aguado, Ana María/Capel, Rosa María et al.: Textos para la historia de las mujeres en España. Cátedra, Madrid 1994

Behn, Sabine/Mommertz, Monika: Wir kämpfen für Spanien. Frauen im antifaschistischen Widerstand und in der sozialen Revolution während des Bürgerkriegs 1936-1939. In: Die ungeschriebene Geschichte. Historische Frauenforschung – Dokumentation des 5. Historikerinnentreffens in Wien vom 16.-19.4.1984. Wien 1984; S. 102-112

Behn, Sabine/Mommertz, Monika: »Wir wollen eine bewußte weibliche Kraft schaffen.« Mujeres Libres – anarchistische Frauen in Revolution und Widerstand. In: Bochumer Archiv für die Geschichte des Widerstands und der Arbeit Band 8, 1987; S. 53-68

Bennet, J.: Feminism and History. In: Gender and History 1, 3/1989; S. 251-272

Berenguer, Sara: Entre el sol y la tormenta. Seuba Ediciones, Barcelona 1988

Bernecker, Walther L. (Hg.): Kollektivismus und Freiheit. Quellen zur Geschichte der Sozialen Revolution in Spanien 1936 – 1939. dtv, München 1980

Bernecker, Walther L.: Krieg in Spanien 1936 – 1939. Wissenschaftliche Buchgesellschaft, Darmstadt 1991

Bernecker, Walther L.: »Reiner« oder »syndikalistischer« Anarchismus? Zum Spannungsverhältnis libertärer Organisationen in Spanien. In: Bochumer Archiv für die Geschichte des Widerstands und der Arbeit Band 8, 1987; S. 13-32

Bernecker, Walther L.: Spaniens Geschichte seit dem Bürgerkrieg. Beck, München [3]1997 (1984)

Bock, Hans Manfred: Syndikalismus und Linkskommunismus von 1918 bis 1923. Ein Beitrag zur Sozial- und Ideengeschichte der frühen Weimarer Republik. Wissenschaftliche Buchgesellschaft, Darmstadt 1993 (aktualisierte Neuausgabe; Ersterscheinung 1969)

Bolloten, Burnett: The Grand Camouflage. The Spanish Civil War and Revolution, 1936-39. Pall Mall, London 1968 (1961)

Bookchin, Murray: The Spanish Anarchists. The Heroic Years 1868-1936. Free Life, New York 1977

Bridenthal, Renate/Koonz, Claudia: Becoming Visible. Women in European History. Houghton Mifflin, Boston 1977

Broué, Pierre/Émile Témime: Revolution und Krieg in Spanien. Geschichte des spanischen Bürgerkriegs. Suhrkamp, Frankfurt/Main 1968 (Paris 1961)

Buselmeier, Karin: Emilienne Morin und Lola Iturbe. In: dies.: Frauen in der spanischen Revolution. In: Mamas Pfirsiche – Frauen und Literatur, Bd. 9/10. Münster, Herbst 1978; S. 98-112

Buselmeier, Karin: Interview mit Clara Thalmann. In: dies.: Frauen in der spanischen Revolution. In: Mamas Pfirsiche – Frauen und Literatur, Bd. 9/10. Münster, Herbst 1978; S. 13-46. (Außerdem gekürzt abgedruckt als Karin Buselmeier/Clara Thalmann: Interview über die Rolle der Frau in der Spanischen Revolution. In: Cornelia Krasser/Jürgen Schmück (Hg.): Frauen in der Spanischen Revolution 1936-1939. Libertad, Berlin 1984; S. 61-80)

Buselmeier, Karin: Frauen in der spanischen Revolution. In: Mamas Pfirsiche – Frauen und Literatur, Bd. 9/10. Münster, Herbst 1978; S. 5-130

Cantzen, Rolf: Weniger Staat – mehr Gesellschaft. Freiheit – Ökologie – Anarchismus. Trotzdem Verlag, Grafenau [3]1997

Capmany, Maria Aurèlia/Alcalde, Carmen: El feminismo ibérico. Ed. Oikos-Tau, Barcelona 1970

Castells, Andreu: Las Brigadas internacionales de la guerra de España. Ariel, Barcelona 1974

di Febo, Giuliana: Resistencia y movimiento de mujeres en España, 1936-1939. Icaria, Barcelona 1984

Diefenbacher, Hans (Hg.): Anarchismus. Zur Geschichte und Idee der herrschaftsfreien Gesellschaft. Wissenschaftliche Buchgesellschaft, Darmstadt 1996

Ehls, Winand/Wagener, Axel: Interview mit Clara Thalmann (Teil 2): »Ordnung ohne Freiheit ist Unterdrückung – Freiheit ohne Ordnung geht aber auch nicht.«. In: Schwarzer Faden Nr. 21, 2/1986; S. 20-27

Ehrlich, Carol: Sozialismus, Anarchismus und Feminismus. In: Anarcha-Feminismus. Libertad, Berlin 1979 (engl. 1975/1977); S. 71-115

Enzensberger, Hans Magnus: Der kurze Sommer der Anarchie. Buenaventura Durrutis Leben und Tod. Suhrkamp, Frankfurt/Main 1977 (1972)

Etchebéhère, Mika: Mi guerra de España. Plaza & Janes, Barcelona 1976

Evechild, Nancy/Rideau, Margot/Adams, Beverly/Hastings, Mary: Anarcha-Feminismus – Eine Darstellung. In: Anarcha-Feminismus. Libertad, Berlin 1979 (engl. 1975/1977); S. 7-20

Fraser, Ronald: Blood of Spain. The Experience of Civil War, 1936-1939. Penguin, London 1979

Garrido González (Hg.): Historia de las mujeres en España. Síntesis, Madrid o.J. (nach 1995, da in der Bibliographie ein Buch von 1995 genannt wird)

Graswurzelrevolution (Hg.): Gewaltfreier Anarchismus. Herausforderungen und Perspektiven zur Jahrhundertwende. Verlag Graswurzelrevolution, Heidelberg 1999

Guérin, Daniel: Anarchismus. Begriff und Praxis. Suhrkamp, Frankfurt/Main 1967 (Paris 1965)

Heinen, Jacqueline: Spanien 1936-1938 – die Frauen im Bürgerkrieg. In: Heinen, Jacqueline/Hald, Alix/Mahaim, Annik: Frauen und Arbeiterbewegung. Frankfurt/M. 1984; S. 127-223

ID (Informationsdienst zur Verbreitung unterbliebener Nachrichten): Interview mit den Mujeres Libres in Barcelona, 12.7.1977. In: Karin Buselmeier: Frauen in der Spanischen Revolution. In: Mamas Pfirsiche – Frauen und Literatur, Bd. 9/10. Münster, Herbst 1978; S. 120-126

Iturbe, Lola: La Mujer en la Lucha Social y en la Guerra Civil de España. Mexicanos Unidos, México 1974

Iturbe, Lola: Mujeres Antifascistas/Mujeres Libres. In: Cornelia Krasser/Jürgen Schmück (Hg.): Frauen in der Spanischen Revolution 1936-1939. Libertad, Berlin 1984; S. 86-95

Kaplan, Temma: Der Anarchismus in Spanien und die Frauenemanzipation. In: Cornelia Krasser/Jürgen Schmück (Hg.): Frauen in der Spanischen Revolution 1936-1939. Libertad, Berlin 1984; S. 32-40

Kaplan, Temma: Conciencia femenina y acción colectiva: el caso de Barcelona, 1910-1918. In: James S. Amelang/Mary Nash (Hg.): Historia y Género: Las mujeres en la Europa Moderna y Contemporánea. Ed. Alfons el Magnànim, Valencia 1990, S. 267-295

Kaplan, Temma: Frauen und der Spanische Anarchismus. In: Cornelia Krasser/Jürgen Schmück (Hg.): Frauen in der Spanischen Revolution 1936-1939. Libertad, Berlin 1984; S. 8-31

Kern, Robert: Red Years, Black Years: A Political History of Spanish Anarchism, 1911-1937. Institute for the Study of Human Issues (ISHI), Philadelphia 1978

Kornegger, Peggy: Der Anarchismus und seine Verbindung zum Feminismus. In: Peggy Kornegger/Carol Ehrlich: Anarcha-Feminismus. Libertad, Berlin 1979 (engl. 1975/1977); S. 21-70

Kröger, Marianne (dort fälschlicherweise Kräger genannt): »Die Freiheit Europas verteidigen«. Carl Einsteins und Simone Weils Engagement für die Anarchosyndikalisten im Spanischen Bürgerkrieg. In: Schwarzer Faden Nr. 61, 2/97; S. 48-57

Krasser, Cornelia/Schmück, Jochen (Hg.): Vorwort. In: Dies.: Frauen in der Spanischen Revolution 1936-1939. Libertad, Berlin 1984, S. 5-7

Las Libertarias. Texte über Lola Iturbe und Conxa Pérez (keine AutorInnenangabe); Interview mit Kasilda Hernáez, Biarritz 1977, geführt von Manuel Chiapuso. In: Ingrid Strobl: »Partisanas«. La mujer en la resistencia armada contra el fascismo y la ocupación alemana (1936-1945). Virus, Barcelona 1996 (spanische Übersetzung von »Sag nie, du gehst den letzten Weg.«); S. 345-364

Leval, Gaston: Das libertäre Spanien. Das konstruktive Werk der spanischen Revolution (1936-1939). Association, Hamburg 1976 (Paris 1971)

Lohschelder, Silke et al.: AnarchaFeminismus. Auf den Spuren einer Utopie. Unrast, Münster 2000

Longo, Luigi: Die internationalen Brigaden in Spanien. Rütten & Loening, (Ost-)Berlin 1958

Lorenzo, César M.: Los anarquistas españoles y el poder, 1868-1969. Ruedo Ibérico, Paris 1972

Malefakis, Edward (Hg.): 1936-1939. La Guerra de España. Ed. El País, Madrid 1986

Mangini, Shirley: Memories of Resistance. Female Activists from the Spanish Civil War. In: Signs. Journal of Women in Culture and Society. 1991, Vol.17, Nr. 1; S. 171-186

Mangini, Shirley: Memories of Resistance: Women's Voices from the Spanish Civil War. Yale University Press, New Haven & London 1995

Marmo Mullaney, Marie: Revolutionary Women. Gender and the Socialist Revolutionary Role. Praeger, New York 1983

Ministerio de Asuntos Exteriores (Hg.): Fotografías de Robert Capa sobre la Guerra Civil española. Ed. El Viso, o.O., o.J. (nach 1989, da in der Bibliographie ein Buch von 1989 genannt wird)

Ministerio de Cultura (Hg.): Kati Horna. Fotografías de la guerra civil española (1937-1938). O.V., Salamanca 1992

Ministerio de Cultura (Hg.): Las mujeres en la Guerra Civil española. III Jornadas de estudios monográficos. Salamanca, octubre 1989. Madrid 1991

Miratvilles, Jaume/Termes, Josep: Carteles de la República y de la Guerra Civil. La Gaya Ciencia, Barcelona 1978

Morcillo Gómez, Aurora: Feminismo y lucha política durante la II república y la guerra civil. In: Pilar Folguera (Hg.): El feminismo en España: Dos siglos de historia. Ed. Pablo Iglesias, Madrid 1988; S. 57-83

Morrow, Felix: Revolution und Konterrevolution in Spanien. Gervinus, Essen 1976

Mühlen, Patrik von zur: Spanien war ihre Hoffnung. Die deutsche Linke im Spanischen Bürgerkrieg 1936 bis 1939. Verlag Neue Gesellschaft, Bonn 1983

Mujeres Libres (Conchita Liaño Gil /Pura Pérez Benevent/Sara Berenguer Laosa/Soledad Estorach Esterri et al.): Luchadoras Libertarias. Fundación Anselmo Lorenzo, Madrid 1999

Nash, Mary: Defying Male Civilization: Women in the Spanish Civil War. (Women and Modern Revolution Series). Arden Press Inc., Denver (Colorado) 1995

Nash, Mary: El feminismo. Cuadernos del mundo actual Nr. 47. Historia 16, Madrid 1994

Nash, Mary: Las mujeres en la Guerra Civil. Ministerio de Cultura, Madrid 1989

Nash, Mary: Milicianas and Homefront Heroines: Images of Women in War and Revolution 1936-1939. In: History of European Ideas 11/1989, S. 235-244

Nash, Mary: Mujer y movimiento obrero en España. 1931-1939. Fontamara, Barcelona 1981

Nash, Mary: Mujer, familia y trabajo en España (1875-1936). Anthropos, Barcelona 1983

Nash, Mary: Mujeres Libres 1936 – 1978. Ausgewählt und aus dem Spanischen übersetzt von Thomas Kleinspehn. Karin Kramer, Berlin 1979 (Das ist die gekürzte Übersetzung von »Mujeres Libres: España 1936 – 1939«, ergänzt durch Artikel aus der 2. Epoche der Zeitschrift »Mujeres Libres«, ab 1977.)

Nash, Mary: Mujeres Libres: España 1936 – 1939. Tusquets, Barcelona 1975

Nash, Mary: Presencia y protagonismo. Aspectos de la historia de la mujer. Serbal, Barcelona 1984

Nash, Mary: Rojas. Las mujeres republicanas en la Guerra Civil. Taurus, Madrid 1999 (Das ist die veränderte spanische Version von »Defying Male Civilization«.)

Nash, Mary/Tavera, Susanna: Experiencias desiguales: Conflictos sociales y respuestas colectivas (siglo XIX). Síntesis, Madrid o.J. (nach 1993, da in der Bibliographie ein Buch von 1993 genannt wird)

Offen, Karen: Defining Feminism. A Comparative Historical Approach. In: Signs. Journal of Women in Culture and Society 14, 1/1988, S. 119-157

Orwell, George: Mein Katalonien. Bericht über den Spanischen Bürgerkrieg. Diogenes, Zürich 1975 (1964; engl.: 1938)

Payne, Stanley G.: The Spanish Revolution. Norton, New York 1970

Peirats, José: La CNT en la revolución española. Ruedo Ibérico, Toulouse 1971 (1951); 3 Bände

Preston, Paul: Revolution and War in Spain 1931-1939. Methuen, London/New York 1984

Ratsch, Ulrich: Vom guten und vom bösen Menschen. Der »wissenschaftliche Anarchismus« von Peter Kropotkin. In: Hans Diefenbacher (Hg.): Anarchismus. Zur Geschichte und Idee der herrschaftsfreien Gesellschaft. Wissenschaftliche Buchgesellschaft, Darmstadt 1996; S. 52-67

Rivista Anarchica: Interview mit den Mujeres Libres in Barcelona, 10.1.1977. In: Karin Buselmeier: Frauen in der Spanischen Revolution. In: Mamas Pfirsiche – Frauen und Literatur, Bd. 9/10. Münster, Herbst 1978; S. 117-120 (erschien zuerst auf deutsch in: Freie Presse 12/1977)

Schrupp, Antje: Nicht Marxistin und auch nicht Anarchistin. Frauen in der Ersten Internationale. Ulrike Helmer, Königstein/Taunus 1999

Schwarzer Faden Nr. 62, 3/97, Sondernummer Feminismus II.

Souchy, Augustin: Nacht über Spanien. Anarcho-Syndikalisten in Revolution und Bürgerkrieg 1936 – 1939. Ein Tatsachenbericht. Trotzdem, Grafenau [4]1992 (1955)

Strobl, Ingrid: »Sag nie, du gehst den letzten Weg«. Frauen im bewaffneten Widerstand gegen Faschismus und deutsche Besatzung. Fischer, Frankfurt/Main 1995 (1989)

Thomas, Hugh: The Spanish Civil War. Penguin Books, Harmondsworth, Middlesex 1974 (1961; überarbeitete Version 1965)

Vilar, Pierre: Kurze Geschichte zweier Spanien. Der Bürgerkrieg 1936-1939. Wagenbach, Berlin 1987 (ebenso unter dem Titel: Der spanische Bürgerkrieg 1936-1939. Wagenbach, Berlin 1999)

Willis, Liz: Frauen in der Spanischen Revolution 1936 – 1939. In: Cornelia Krasser/Jürgen Schmück (Hg.): Frauen in der Spanischen Revolution 1936-1939. Libertad, Berlin 1984; S. 41-59

Nach Beendigung des Manuskripts erschienen:

Saña, Heleno: Die libertäre Revolution. Die Anarchisten im spanischen Bürgerkrieg. Nautilus, Hamburg 2001

Anhang

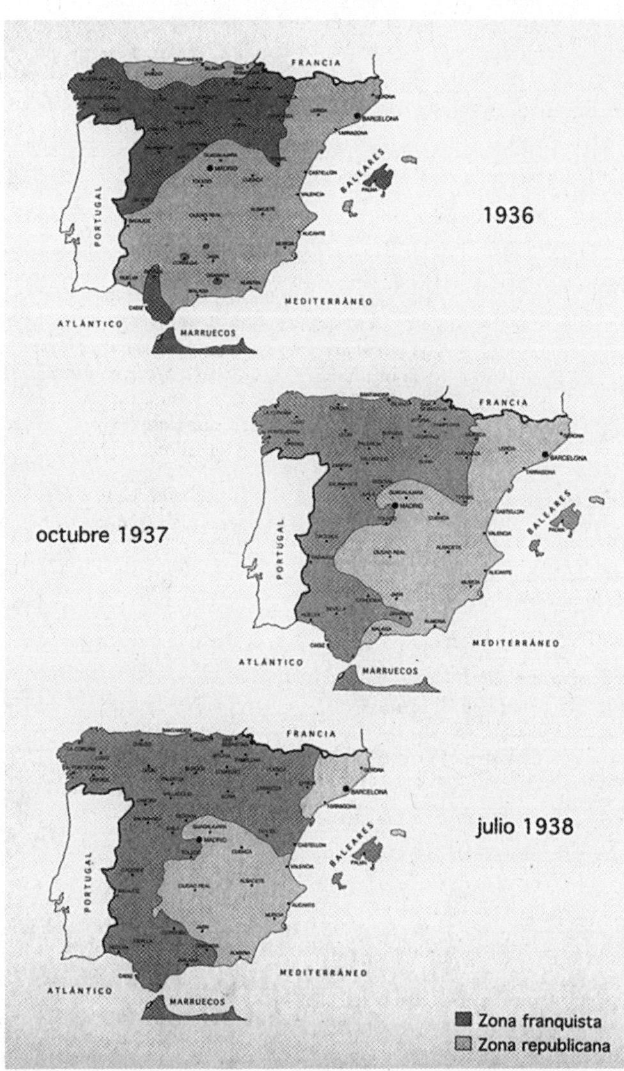

Die republikanische und die franquistische Zone im Verlauf des Bürgerkriegs

Aus: Mary Nash: Rojas. Las mujeres republicanas en la Guerra Civil. Taurus, Madrid 1999, S.10

Aufzählung der 147 Ortsgruppen der Mujeres Libres[1]

In der Region Zentrum:
Stadtteile in Madrid: Tetuán-Chamartín, Cuatro Caminos, Chamberí, Prosperidad, Salamanca, Ciudad Lineal, Guindalera, Lavapiés, Legazpi, Vallecas, Las Colonias, Puente de Toledo, Retiro, Ventas, Puente de Segovia, Pacífico, Elipa, La Latina, Cuarenia, Faregas, Vallehermoso, Guadalajara, Horda, Tendilla, Yélamos de Arriba, Yélamos de Abajo, Val de Conde, Mondéjar, Alvares, Mazuecos, Almadén, Ciudad Real, Toledo, Cuenca, Yebra, Horche.

In Katalonien:
Stadtteile in Barcelona: Sans, Las Corts, Centro, San Andrés, Guinardó, Horta, Badalona.
Igualada, Tarrasa, Granollers, Amposta, San Sadurní de Noya, Manresa, Sabadell, San Feliu de Guíxols, Olesa de Montserrat, Reus, Villanueva y Geltrú, Pobla de Lillet, Castelnou de Basell, Gerona, Lérida, Tremp, Borjas Blancas, Balaguer, Torre de Segre, Xerri, Torelló, Palamós, Figueras, Valls, Tortosa, Martorell, Cervera, Arenys de Mar, Lloret de Mar, Castellar del Vallés, Mataró, Esparraguera, Monistrol, Hospitalet, Pineda, Seu de Urgell, Moncada y Reixach, Puigcerdá, Falset, Rosas.

In der Levante:
Valencia, Burjasot, Alicante, Alcoy, Petral, Coventaína, Játiva, Cullera, Campo Robles, Carcagente, Boicarente, Alginet, Monóvar, Elda, Elche, Villena, Floreal de Raspeig, Albacete, Murcia, Torrente, Vinaroz, Burriara, Bétera, Caravaca, Agullas, Pedralva, Caudete de las Fuentes, Utiel.

In Aragonien:
Caspe, Monzón, Alcañiz, Barbastro, Los Molinos.

Weitere Gruppen:
Gijón, Granada, Almería.

Im Ausland:
Großbritannien, Niederlande, Frankreich, Schweden, Tschechoslowakei, Belgien, Polen, Argentinien, USA.

Aus: Mary Nash: Mujeres Libres: España 1936 – 1939. Tusquets, Barcelona 1975, S. 233-236

1 Inzwischen wurden zwar entdeckt, dass es in noch ungefähr zehn weiteren Orten Mujeres Libres-Gruppen gab, doch welche Orte dies sind, ist mir nicht bekannt.

Die Publikationen der Mujeres Libres

Eigene Publikationen

1936 *Enseñanza Nueva*, Carmen Conde.

1937 *Poemas de la Guerra*, Carmen Conde.
Oíd a la vida, Carmen Conde.
Esquemas, Mercedes Comaposada.
Las mujeres en nuestra Revolución, Mercedes Comaposada.
Mujeres heroicas, Lola Iturbe.
Nuestras luchadoras, Lola Iturbe.
La composición literaria infantil, Carmen Conde. Ed. Mujeres Libres de Barcelona.
Mujeres de las Revoluciones, Etta Federn. Ed. Mujeres Libres de Barcelona.

1937–38 *Poemas*, Amparo Poch y Gascón.

1938 *Romancero de Mujeres Libres*, Lucía Sánchez Saornil.
Niño, Amparo Poch y Gascón.

1938–39 *La ciencia en la mochila*. Núm. 1., Amparo Poch y Gascón.

1939 *La ciencia en la mochila*. Núm. 2., Amparo Poch y Gascón.
La mujer en la paz y en la guerra, Federica Montseny.
Cómo organizar una Agrupación Mujeres Libres.
Actividades de la Federación Nacional Mujeres Libres (Álbum).

Artikel in anderen Publikationen

1937 »Mujeres Libres«, *Ruta*, 21 de enero.
Comaposada Guillén, Mercedes, »Nivelación de Salarios«, *Tierra y Libertad*, Barcelona, 27 de febrero.
»Organización y actividades de MM.LL.«. *Tierra y Libertad*, Barcelona, 27 de marzo.
Estorach, Soledad, »Actividades de MM.LL.« (Conferencia del Sindicato de Alimentación), *Tierra y Libertad*, Barcelona.
Comaposada Guillén, Mercedes, »Salvemos a las mujeres de la dictadura«, *Ruta*, abril.
Comaposada Guillén, Mercedes, »Marineros de Méjico«, *Tiempos Nuevos*, Barcelona, mayo-junio.
»Escuela de chóferes de MM.LL.«, *Umbral*, Barcelona, 24 de julio.

Sánchez Saornil, Lucía, »Horas de Revolución«, Publicaciones, págs. 24-26.
Kahos, »¡Mujeres, emancipaos!«, *Acracia 2*, Barcelona, noviembre.
»MM.LL. – La cuestión femenina«, *Revista Industria* S. M., Barcelona, nov. 5, págs. 9.
Martí Ibáñez, Félix, *Tres mensajes a la mujer*, Barcelona, Ediciones y Reportajes.
Kaminski, H.E., *Ceux de Barcelona*, (Prólogo de J. Peirats), Paris, Denoel, págs. 69.
1976 Kaminski, H.E., *Els de Barcelona*, (Prólogo de J. Peirats), Barcelona, Ediciones Del Cotal, págs. 71.

Aus: Mujeres Libres: Luchadoras Libertarias. Fundación Anselmo Lorenzo, Madrid 1999, S.125ff.

Himno de Mujeres Libres

Letra de
Lucía Sánchez Saornil

Música de
E. Sanginés

Die Hymne der Mujeres Libres

Aus: Mujeres Libres Nr.12, Mai 1938, 39. Seite

Der Text der Hymne der Mujeres Libres

Puño en alto mujer de Iberia
Hacia horizontes preñados de luz.
Por rutas ardientes,
Los pies en la tierra,
La frente en lo azul.

Afirmando promesas de vida
Desafiamos la tradición,
Modelemos la arcilla caliente
De un mundo nacido del dolor.

¡Que el pasado se hunda en la nada!
¡Qué nos importa del ayer!
Queremos escribir de nuevo
La palabra mujer.

Adelante mujeres de Iberia
Con el puño elevado al azul.[2]
Por rutas ardientes,
Adelante Adelante
De cara a la luz.

2 Martha A. Ackelsberg schreibt für die ersten beiden Zeilen dieser Strophe: »Puño en alto mujeres del mundo/ hacia horizontes preñados de luz. (Fists upraised, women of the world/ toward horizons pregnant with light.)« Martha A. Ackelsberg: Free Women, S.VII

Auszug aus einer Broschüre der Mujeres Libres, deutsche Übersetzung

Wie du eine Mujeres Libres-Gruppe organisieren kannst

Interessiert dich wirklich, was wir dir vorschlagen? Also Hand ans Werk. Wir erraten auch – du siehst schon, daß wir Erfahrung haben und alles, was du denken könntest, wissen –, daß du dich jetzt fragst: Gut, aber wie mache ich das? Ein bißchen Geduld und wir erklären es dir.

Sicher kennst du, wie auch nicht!, ein paar junge Frauen ungefähr deines Alters, und hast außerdem, wie jede andere, deine Vorlieben; und diese Vorlieben existieren natürlich nicht einfach so, sondern weil dich mit diesen Kameradinnen größere Gemeinsamkeiten im Geschmack, in den Neigungen und im Denken verbinden. Und wenn du mit ihnen sprichst und ihnen vorliest oder erzählst, was wir dir sagen? Ganz bestimmt werdet ihr dann übereinkommen und die Gruppe gründen.

Gut, wir haben also schon eine Anfangsgruppe; aber jetzt werdet ihr euch fragen: Was machen wir? Wir werden euch helfen.

Ihr seid drei, oder vier? Wir nehmen das geringste an, daß ihr nicht mehr als drei seid; aber ihr drei habt auf jeden Fall große Lust, etwas zu tun.

Ihr fangt damit an, indem ihr euch einigt, herauszufinden, welche Sache am meisten die Allgemeinheit der jungen Frauen eures Dorfes interessieren könnte. Mal sehen. Wir sind sicher, daß mehr als eine ihren Bruder, ihren Cousin oder ihren Freund an der Front hat, und wenn ihr mit dieser darüber sprecht, euch darum zu kümmern, die Situation jener Kameraden zu verbessern, habt ihr sie sofort auf eurer Seite. Wir werden es versuchen. An irgendeinem Nachmittag, einem Sonntag zum Beispiel, an dem es keine Arbeit gibt, trefft ihr euch mit diesen jungen Frauen und könnt ungefähr folgendes zu ihnen sagen:

– In diesem Dorf haben wir sechs oder sieben – wie viele es sein mögen – junge Männer an der Front. An anderen Orten (und damit lügt ihr nicht, weil es stimmt) kümmern sich die Mädchen um diese und versuchen, ihnen das Kriegsleben erträglicher zu machen. Vielleicht haben die jungen Männer keinen Tabak, ihnen fehlen Papier und Stift, um ihren Familien zu schreiben, und es schmerzt wirklich, daß, während sie dort sind und für unsere eigenen Leben kämpfen, hier niemand das zu berücksichtigen oder ihnen zu danken scheint. Wir könnten uns wöchentlich treffen; zum Beispiel weder 10 Centimos, noch 20 Centimos, nicht einmal ein wöchentlicher Real ist ein großer Schlag für unsere Portemonnaies; wir machen also eine allgemeine Sammlung, und mit diesem Beitrag können wir ab und zu etwas für die Kameraden, die an der Front sind, kaufen; ein bißchen Tabak, Süßigkeiten, irgendeinen Firlefanz; ein einfacher Brief, den wir ihnen schreiben und in dem wir alle unterschreiben oder von allen der Name aufgeführt wird, indem wir uns nach ihrem Wohlbefinden, nach ihren Nöten erkundigen – ihr wißt nicht, wie gut ihnen das täte.

Wenn es nötig ist, sorgt dafür, daß zu euren Versammlungen nicht nur junge Mädchen kommen; es könnte auch eine ältere Frau dazugehören, die dem Treffen mehr Ernsthaftigkeit geben wird.

Wenn ihr es versteht, freundlich zu den jungen Frauen zu sprechen, Eifer in diese Aufgabe zu stecken, indem ihr ihnen von dem Opfer erzählt, das unsere Soldaten auf sich nehmen, während wir in Frieden im Hinterland leben, mit unseren kleinen Dingen, mit unseren Nachbarschaftsstreitigkeiten, dann ist es sicher, daß ihr sie gewinnen werdet.

Aber natürlich kann die Gruppe nicht nur dabei stehenbleiben; oder vielleicht gab es ja nicht einmal die Möglichkeit, dieses Thema zu behandeln, weil ihr keine Männer an der Front habt oder weil sich niemand für sie interessiert, was, so traurig es ist, auch vorkommen kann. Dann müßt ihr ein anderes Interessenfeld suchen; kurz und gut, eine andere Sache, die die Aufmerksamkeit der Kameradinnen auf sich ziehen könnte.

Du kannst natürlich lesen; das wissen wir, weil du dabei bist, dich für das zu interessieren, was wir dir sagen; eine deiner Freundinnen kann ebenfalls lesen, oder? Gut; dann beginnen wir mit der Arbeit. Im Dorf gibt es junge Frauen – nicht eine, nicht zwei, sondern einige mehr –, die nichts wissen; ihr müßt ihnen anbieten, ihnen das beizubringen, was ihr wißt, so wenig es auch sein mag; mit viel Geduld müßt ihr sie lehren. Das wird euch als Übung dienen, mehr und besser zu lernen. Es besteht kein Zweifel, daß ihr viele findet werdet, die dazu bereit sind. Natürlich ist das nur der Anfang; später, wenn ihr mit Eifer arbeitet, werdet ihr Lehrer und alles, was ihr braucht, haben.

Was ihr keinen Augenblick vergessen dürft, ist, den Kontakt zu uns aufzunehmen, d.h. mit dem Nationalkomitee der Föderation Mujeres Libres. Wir werden euch Propagandamaterial schicken, euch Orientierung geben, eure Zweifel zerstreuen, und, wenn es notwendig ist, eine Kameradin schikken, die euch hilft.

Wie du siehst, Kameradin, ist es nicht so schwierig, eine mittlere Anzahl von jungen Frauen zu versammeln, wenn du dich, von uns geleitet, mit etwas Gewandtheit zu bewegen weißt.

Auszug aus: Mujeres Libres: Cómo organizar una agrupación. Ohne Ort, 1937. Biblioteca Nacional, Madrid

Revista Mujeres Libres. Primero de Mayo 1936.

65 dias de la revolución. Núm. 5 1936.

Revista Blanca. Núm. 13.

Revista Mujeres Libres en el Exilio. 1972.

Titelseiten von drei Ausgaben der *Mujeres Libres* und einer der *Mujeres Libres en exilio*

Aus: Mujeres Libres: Luchadoras Libertarias. Fundación Anselmo Lorenzo, Madrid 1999

Ya en el curso pasado, muchachas preparadas en nuestras clases lograron ingresar en los Institutos obreros, que han ampliado sus plazas.

Compañeras: donde haya una Agrupación «Mujeres Libres», encontraréis el medio de prepararos para ingresar en los Institutos obreros de Segunda Enseñanza.

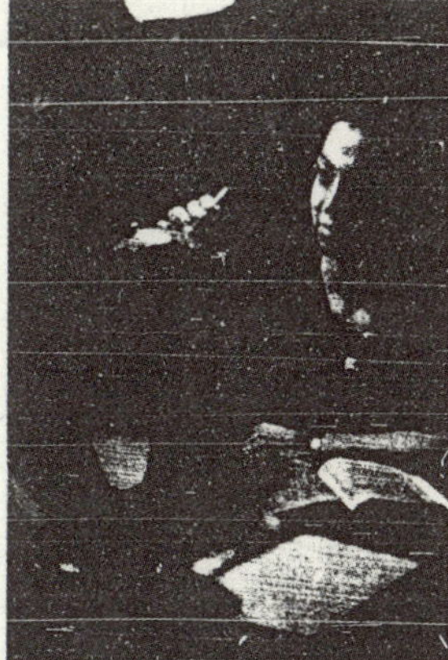

No podemos dar un paso adelante sin contar con la técnica, vara mágica del siglo XX; nos potencia el esfuerzo y nos aplica el saber. La técnica es tiempo y es casi todo; ni un paso adelante sin ella.

Pero la técnica ha de entrar de lleno en el Pueblo y ha de salir también del Pueblo, como la propia Revolución. Este es el problema a resolver: ha de salir del Pueblo. Si no queremos que la Revolución se estacione ni se falsee, ni se malogre, la técnica ha de salir del Pueblo.

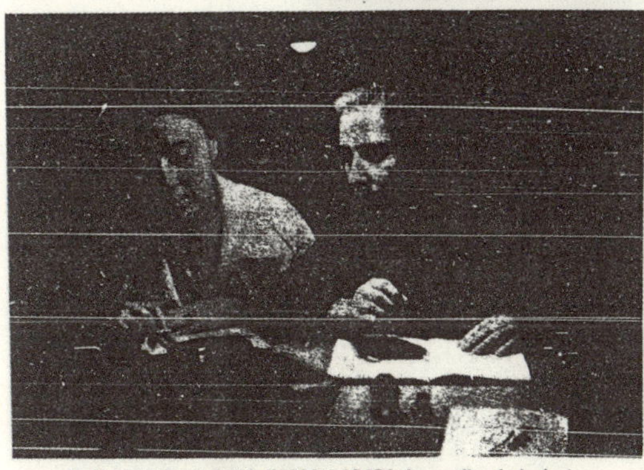

El CASAL DE LA DONA TREBALLADORA desarrolla el siguiente plan de trabajo para la capacitación inmediata de la mujer

CLASES ELEMENTALES (Analfabetas y tres grados)

Leer, escribir, nociones de Aritmética, Geografía, Gramática, fenómenos naturales.

CLASES COMPLEMENTARIAS DE LA ENSEÑANZA ELEMENTAL

Historia Universal, Francés, Inglés, Ruso, Mecanografía, Taquigrafía.

CLASES COMPLEMENTARIAS PROFESIONALES

Enfermeras, puericultoras (con las correspondientes prácticas en hospitales y lugares adecuados), peritajes (Mecánica, Electricidad, Comercio), Corte y confección, nociones de Agricultura y Avicultura, con sus correspondientes prácticas.

FORMACION SOCIAL

Cursos de organización sindical, Sociología, nociones de Economía. Conferencias semanales de ampliación de cultura general.

Das Bildungsangebot im Casal de la Dona Treballadora (Barcelona)

Aus: Mujeres Libres Nr.11, 1938, 35. Seite

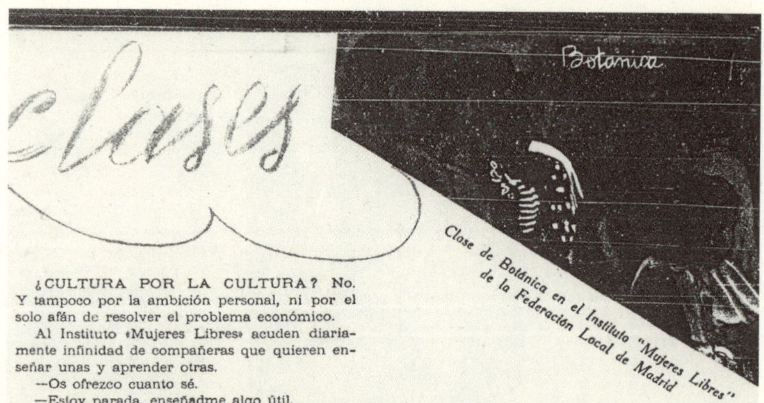

Clase de Botánica en el Instituto "Mujeres Libres" de la Federación Local de Madrid

¿CULTURA POR LA CULTURA? No. Y tampoco por la ambición personal, ni por el solo afán de resolver el problema económico.

Al Instituto «Mujeres Libres» acuden diariamente infinidad de compañeras que quieren enseñar unas y aprender otras.

—Os ofrezco cuanto sé.

—Estoy parada, enseñadme algo útil.

—Hay que ganar la guerra. Hay que dejar de ser ignorante. Hay que prepararse para una vida mejor...

Estas exclamaciones se oyen constantemente entre las muchachas que desean inscribirse. En ellas están contenidos el sentido responsable y la generosidad.

Algunas de estas compañeras habían logrado, antes del 19 de julio, su emancipación económica, pero no sabían leer. Y también algunas tenían un título de bachiller y les faltaba el sentido humano colectivo que han aprendido ahora de sus discípulas, en contacto con ellas.

¿La cultura por la cultura? ¿La cultura en abstracto? No. Capacitación de la mujer con un fin inmediato, urgente: ayudar de manera positiva a ganar la guerra. Capacitar a la mujer para liberarla de la triple esclavitud: esclavitud de ignorancia, esclavitud de productora, esclavitud de mujer. Capacitarla para un nuevo orden social más justo y para una nueva concepción más humana.

Así entiende la Federación «Mujeres Libres» la labor de preparación de las compañeras y llama a todas las mujeres necesitadas de una preparación para que acudan a las clases que en cada localidad tiene establecidas.

ESTE NUMERO

HA SIDO VISADO POR LA CENSURA

«Mujeres Libres» lleva adelante su Cruzada contra el analfabetismo.

¡Maestros, estudiantes, obreros: ayudadnos en esta obra positivamente liberadora!

Zensur I

Aus: Mujeres Libres Nr.11, 1938, 34. Seite

2 BANDERAS

(De nuestra corresponsal en Guadalajara)

Emocionante y brillantísima resultó la entrega de las dos banderas donadas por "MUJERES LIBRES" de Madrid a la División y a la 7? Brigada, que, con tal motivo, desfilaron marcialmente ante el general Miaja y ante el comandante Mera, con la presencia de infinidad de personas civiles y militares, entre las que recordamos a los compañeros Val, Salgado, Martín, Gregorio Gallego, de Guzmán, Antón, García Pradas, Verardini, Valle, Guevara, Gutiérrez y otros muchos.

Actuaron de madrinas de las banderas las compañeras Marina González, por "MUJERES LIBRES" de Madrid, y Suceso Portales, por "MUJERES LIBRES" de Guadalajara.

Por la "Agrupación MUJERES LIBRES" de Madrid, la compañera María Teresa Hernández leyó unas cuartillas de ofrecimiento, de las que recogemos los siguientes párrafos:

¡ División! . Brigada Mixta! Nombres que son todo un emblema. ¡Casa de Campo! ¡Pingarrón! ¡Brihuega! ¡Brunete! Una historia revolucionaria.

"Militares aguerridos, improvisados, pero con la fuerza que da el ideal. ¡Magnífico Mera, cuánto te debe el pueblo español! ¡Ejército del Centro, insigne general Miaja, los soldados de las más grandes victorias están satisfechos de sus jefes!... El Ejército del Pueblo tiene en su seno a todos los idealistas, que, con la bravura que da la razón, reconstruirán España y el Mundo, si preciso fuere.

"Imperecedero el recuerdo de vuestras hazañas, os entregamos estas banderas, en la seguridad de que serán las de la victoria.

"¡Viva el Ejército Popular! ¡Viva la División! ¡Viva la Brigada Mixta!"

Ante una gran expectación, Mera, con la voz velada por la emoción, leyó un bello discurso del que transcribimos uno de sus más hermosos párrafos:

"...Pero hoy que nuestra España es verdaderamente nuestra, el hecho de ser español, lejos de ser una marca infamante, es un timbre de honor y orgullo, es un blasón, es una erguida cimera."

Acto seguido, Antón pronunció unas brillantes palabras elogiando a nuestra gloriosa División.

Por último, el general Miaja pronunció un emocionante discurso, del que entresacamos las siguientes palabras:

"Ya tenéis dos banderas, que os han regalado las compañeras y que vosotros tenéis que aceptar como enseña de la libertad, de la igualdad y de la fraternidad. Yo, que tengo fe en vosotros, sé que el fascismo no podrá triunfar, porque bastará con que queden cuatro soldados y un cabo, para que los invasores no consigan sus objetivos..."

"Ahora, al veros recibir orgullosos la bandera de la patria, vosotros, que no aceptabais esta concepción, tal vez con razón, como muy bien ha demostrado vuestro querido jefe Mera, ahora estáis obligados a defenderla con vuestra sangre, como lo hicisteis ya en repetidas ocasiones y en cuantos frentes actuasteis."

Después del desfile, las compañeras de "MUJERES LIBRES" repartieron tabaco a todos los compañeros de la Brigada.

Zensur II

Aus: Mujeres Libres Nr.11, 1938, 40. Seite

la reconquista de belchite

La gloria para los que la han ganado

Zensur III

Aus: Mujeres Libres Nr.11, 1938, 3. Seite

¡Que nos enseñen un incontrolado!

Todavía no hemos logrado ver un incontrolado. ¡Y qué curiosidad, tan femenina, sentimos por estos seres incoercibles! ¿Tendrán los ojos verdes como las náyades? ¿Negros como la traición? ¿Y cómo irán vestidos?... Porque no acabamos de creer que los incontrolados sean exactamente esos monstruos terroríficos que el arte comunista adaptado a Cataluña hace pintar hasta a sus mejores artistas: cara feroz, un puñal en la boca, una ametralladora en cada mano y un collar de bombas de cien kilos —¡Si no fuera porque hemos visto tantas veces la danza de los apaches!...

¿Cómo será un incontrolado?

Der »Unkontrollierbare«

Die StalinistInnen benutzten die Bezeichnungen »Unkontrollierbare« und »unkontrollierbare Elemente«, um damit die revolutionären Kräfte, die sich nicht an die stalinistischen Weisungen hielten, – vor allem die AnarchistInnen und die Mitglieder der POUM – zu diffamieren. Über diese Warnungen vor und Drohungen an »Unkontrollierbare« machen sich die Mujeres Libres lustig.

Übersetzung des Textes:
Auf dass sie uns einen Unkontrollierbaren zeigen!
Wir haben es immer noch nicht geschafft, einen Unkontrollierbaren zu sehen. Und was für eine Neugierde fühlen wir, so weiblich, für diese unbezwingbaren Wesen! Werden sie grüne Augen haben wie die Najaden? Und wie werden sie gekleidet sein? ... Weil wir nicht angefangen haben zu glauben, daß die Unkontrollierbaren genau die schrecklichen Monster sind, die die an Katalonien angepaßte kommunistische Kunst sogar ihre besten Künstler malen läßt: ein wildes Gesicht, einen Dolch im Mund, ein Maschinengewehr in jeder Hand und eine hundert Kilo schwere Kette aus Bomben – wenn es nicht deshalb wäre, weil wir schon so oft den Tanz der Apatschen gesehen haben! ...
Wie wird ein Unkontrollierbarer sein?

Aus: Mujeres Libres Nr. 9, 11. Monat der Revolution, 8. Seite

Bildungskurse der Mujeres Libres

Aus: Mujeres Libres Nr.12, Mai 1938, 37. Seite

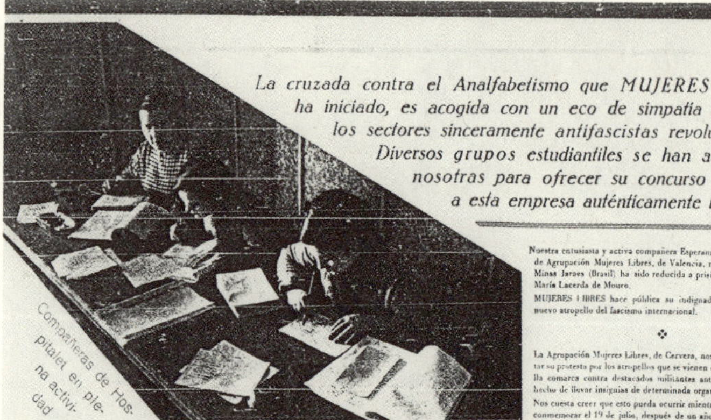

La cruzada contra el Analfabetismo que MUJERES LIBRES ha iniciado, es acogida con un eco de simpatía por todos los sectores sinceramente antifascistas revolucionarios. Diversos grupos estudiantiles se han acercado a nosotras para ofrecer su concurso entusiasta a esta empresa auténticamente liberadora.

Compañeras de Hospitales en plena actividad

Nuestra entusiasta y activa compañera Esperanza Cerrato, secretaria de Agrupación Mujeres Libres, de Valencia, nos comunica que en Minas Jaraes (Brasil) ha sido reducida a prisión la gran luchadora María Lacerda de Mouro.

MUJERES LIBRES hace púlica su indignada protesta ante este nuevo atropello del fascismo internacional.

❖

La Agrupación Mujeres Libres, de Cervera, nos pide hagamos constar su protesta por los atropellos que se vienen cometiendo en aquella comarca contra destacados militantes antifascistas por el solo hecho de llevar insignias de determinada organización.

Nos cuesta creer que esto pueda ocurrir mientras nos disponemos a conmemorar el 19 de julio, después de un año de sangrienta lucha contra el fascismo y por la libertad.

Actividades de Mujeres Libres

Barriadas de Madrid

Tetuán-Chamartín.—Clases de cultura general; un taller, con seis máquinas, confeccionando ropas para frentes y hospitales; clases de corte y confección.

Cuatro Caminos.—Clases de cultura general; un pequeño taller donde trabajan las compañeras para guarderías y hospitales; una lechería en la que despachan compañeras de la Agrupación y hacen el reparto a las compañeras más necesitadas.

Chamberí.—Clases, taller y, los domingos, charlas y conferencias a cargo de distintas compañeras.

Prosperidad.—Unas escuelas con abundante material, magnífica biblioteca, un buen taller y huerta, donde algunas compañeras hacen prácticas agrícolas.

Delicias.—Clases; un gran taller donde las compañeras confeccionan ropa para los niños de la guardería de la Organización. En esta barriada es donde primero se han instalado unas habitaciones con quince camas para las compañeras que no tienen donde dormir.

Salamanca.—Taller y clases. En esta barriada está actualmente el domicilio de la Agrupación, con sus clases de cultura general, mañana y tarde; cursillos para enfermeras a cargo de dos profesoras competentísimas; idiomas, etc. Funciona también una brigada de trabajo. En transportes, tenemos varias compañeras chóferes. Otra brigada también en funciones es la de metalurgia, con un taller en el que trabajan veinte compañeras.

Se están organizando las barriadas de Retiro, Guindalera, Legazpi, Cuarenta Fanegas y Vallehermoso.

Guadalajara

Gracias a la actividad eficacísima de nuestra compañera Suceso Perales, en casi todos los pueblos de esta provincia ha quedado constituida la Agrupación.

Ciudad Libre

También aquí existe ya y trabaja activamente nuestra Agrupación.

Cataluña

Son numerosas las Agrupaciones últimamente creadas en toda la región: Tarrasa, Sabadell, Villanueva y Geltrú, Martorell, Igualada, Amposta, Cervera, Arenys de Mar, Lloret de Mar, etc. Se organiza también *Mujeres Libres* en todas las barriadas de Barcelona, estando ya constituidas en Sans, Corts, Centro, San Andrés, [illegible] y alguna otra. En todas ellas se está dando impulso a la organización de clases, cursillos, etc., extendiéndose tanto a través de las Agrupaciones de barriada como de las constituidas en diversos pueblos, nuestra gran cruzada contra el analfabetismo.

Por otra parte, en los Sindicatos, en las fábricas, etc., se constituyen continuamente grupos de *Mujeres Libres*. El formado dentro del Sindicato de la Metalurgia ha inaugurado ya las clases. El del Sindicato de la Distribución prepara unas de taquigrafía, mecanografía e idiomas.

Levante

También en la región levantina se va extendiendo nuestro movimiento. Las compañeras de la Agrupación de Valencia nos comunican que muy en breve emprenderán una activa campaña de propaganda y agitación mediante mítines, conferencias, etc., por todos los pueblos, campaña [illegible] iniciada ya en los [illegible] de [illegible] (Alicante).

Últimamente han quedado constituidas las Agrupaciones de [illegible] y Alcoy (Alicante).

En Albacete —capital y algunos pueblos— existe ya igualmente la Agrupación de *Mujeres Libres*.

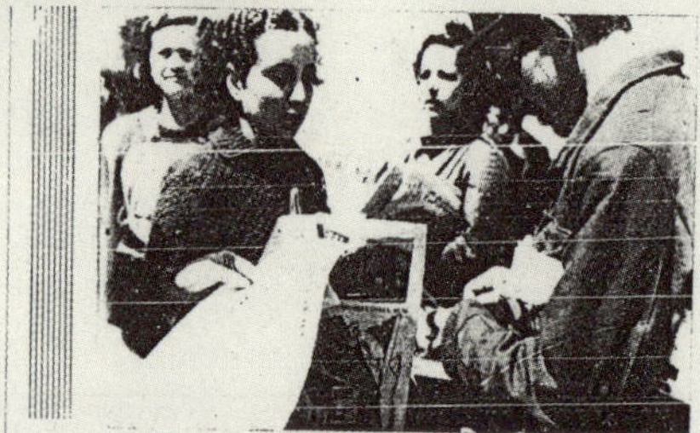

MUJERES: En las PUBLICACIONES "MUJERES LIBRES" hallaréis una orientación social humana y clara, al margen de toda política partidista, pero con un amplio sentido emancipador y auténticamente revolucionario.

EN VENTA: NIÑO, por Amparo Poch y Gascón .... 50 cts.
HORAS DE REVOLUCIÓN, por Lucía Sánchez Saornil .... 50 cts.

EN PRENSA: LAS MUJERES EN NUESTRA REVOLUCIÓN, por Mercedes Comaposada.
LA COMPOSICIÓN LITERARIA INFANTIL, por Carmen Conde.
ROMANCERO DE MUJERES LIBRES.
PROGRAMA DE ASISTENCIA SOCIAL.

PEDIDOS CONTRA REEMBOLSO

Publicaciones Mujeres Libres Descuento del 25 % a los corresponsales
PLAZA CATALUÑA, 4 (Sección Propaganda)
BARCELONA

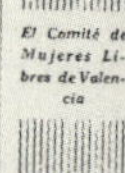

El Comité de Mujeres Libres de Valencia

Bericht und Fotos der Aktivitäten der Mujeres Libres in den einzelnen Regionen

Aus: Mujeres Libres Nr.10, 2. Jahr der Revolution, 2. Seite

Nationalkonferenz der Föderation der Mujeres Libres in Barcelona

Aus: Mujeres Libres Nr. 13, Oktober 1938, 40. Seite

Konstituierung der Nationalen Föderation der Mujeres Libres, Valencia 1937

Häuserfront des Mujeres Libres-Lokals im Stadtteil Sans, Barcelona

Aus: Mujeres Libres: Luchadoras Libertarias. Fundación Anselmo Lorenzo, Madrid 1999

Plakat der Mujeres Libres I

Aus: Mujeres Libres: Luchadoras Libertarias. Fundación Anselmo Lorenzo, Madrid 1999

Plakat der Mujeres Libres II

Rechts an der Wand hängt ein Plakat der Mujeres Libres über die Häuser zur Befreiung von der Prostitution (Liberatorios de prostitución). Bildunterschrift: »Abris dans le Métro de Madrid« (Geschützt in der Metro von Madrid)

Aus: Ministerio de Asuntos Exteriores (Hg.): Fotografías de Robert Capa sobre la Guerra Civil española. Ed. El Viso, o.O., o.J., S.46.

Plakat der Mujeres Libres über ihre verschiedenen Aktivitäten

Aus: Mujeres Libres: Luchadoras Libertarias. Fundación Anselmo Lorenzo, Madrid 1999

Arbeiterinnen der Kriegsindustrie, die die Ausstellung »Zwei Jahre Krieg« (Dos años de lucha«) der Mujeres Libres über deren Aktivitäten besuchen

Aus: Mujeres Libres: Luchadoras Libertarias. Fundación Anselmo Lorenzo, Madrid 1999

Soledad Estorach auf einer Versammlung der Mujeres Libres

Bildunterschrift: »Reunión en el Local de ›Mujeres Libres‹. Valencia, 1937« (Treffen in den Räumen von Mujeres Libres. Valencia 1937)

Aus: Ministerio de Cultura (Hg.): Kati Horna. Fotografías de la guerra civil española (1937-1938). O.V., Salamanca 1992, S.95.

Postkarte

Aus: Archivo General de la Guerra Civil española, Sección Iconografía: Tarjetas Postales; abgebildet in: Mary Nash: Las mujeres en la Guerra Civil. Ministerio de Cultura, Madrid 1989

OBIOLS, Ricard. Sindicato de Artes Gráficas. «Por las milicias». *48 × 34 cm. A.H.N., Sección «Guerra Civil». Sección Iconografía: Carteles, n.° 934.*

Propaganda-Plakat zur Einschreibung in die Milizen

Aus: Archivo General de la Guerra Civil española, Sección Iconografía: Carteles, Nr.934, von Ricard Obiols; abgebildet in: Mary Nash: Las mujeres en la Guerra Civil. Ministerio de Cultura, Madrid 1989

18. Cartel *No Pasarán.* Gloria a las milicias del pueblo.
Julio de 1936. Valencia, CNT.
Centre d'Estudis Històrics Internacionals-Centre d'Estudis Històrics Contemporànis, Universidad de Barcelona.

Plakat der CNT

Bildunterschrift: »Cartel No Pasarán. Gloria a las milicias del pueblo. Julio de 1936. Valencia, CNT« (Plakat Sie werden nicht durchkommen [Das war der republikanische Kampfslogan gegen die Faschisten, V.B.]. Ehre den Volksmilizen. Juli 1936. Valencia, CNT)

Aus: Centre d'Estudis Històrics Internacionals – Centre d'Estudis Històrics Contemporànis; abgebildet in: Mary Nash: Rojas. Las mujeres republicanas en la Guerra Civil. Taurus, Madrid 1999

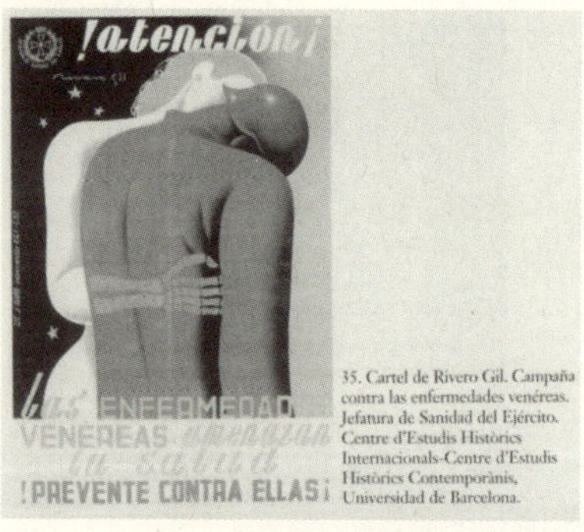

35. Cartel de Rivero Gil. Campaña contra las enfermedades venéreas. Jefatura de Sanidad del Ejército. Centre d'Estudis Històrics Internacionals-Centre d'Estudis Històrics Contemporànis, Universidad de Barcelona.

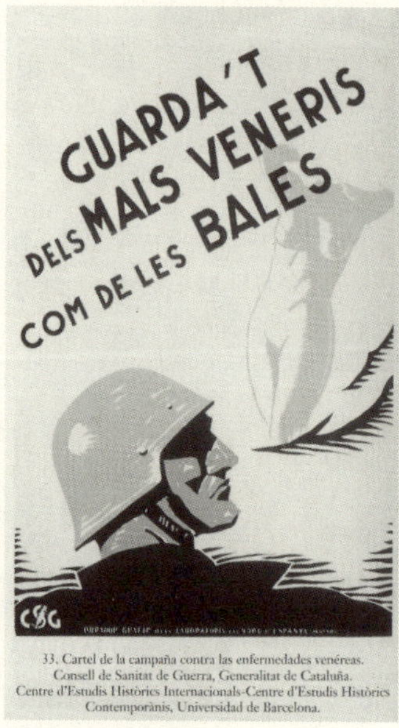

33. Cartel de la campaña contra las enfermedades venéreas. Consell de Sanitat de Guerra, Generalitat de Cataluña. Centre d'Estudis Històrics Internacionals-Centre d'Estudis Històrics Contemporànis, Universidad de Barcelona.

Plakate zum Aufruf zur Vermeidung von Geschlechtskrankheiten

Bildunterschrift links: Kampagne gegen Geschlechtskrankheiten. Gesundheitsbehörde des Heeres, von Rivero Gil.

Bildunterschrift rechts: Plakat der Kampagne gegen Geschlechtskrankheiten. Kriegsgesundheitsrat, Generalität von Katalonien.

Aus: Centre d'Estudis Històrics Internationals – Centre d'Estudis Històrics Contemporànis; abgebildet in: Mary Nash: Rojas. Las mujeres republicanas en la Guerra Civil. Taurus, Madrid 1999

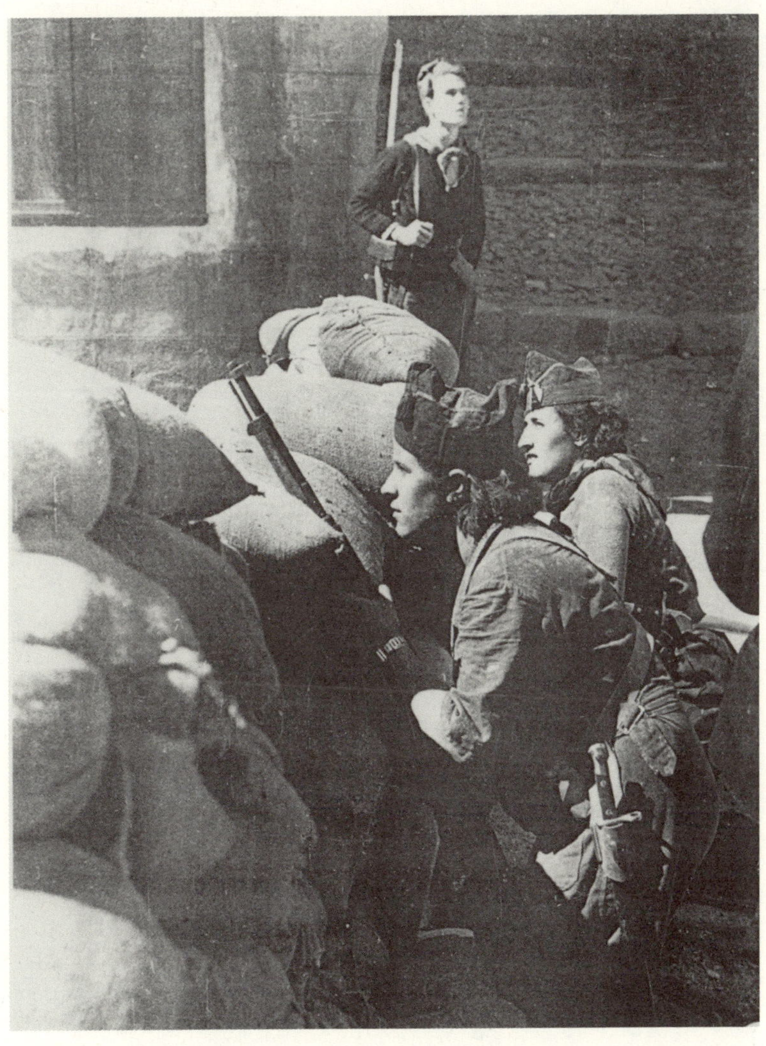

Milicianas I

Bildunterschrift: »Défense sur la rue de Barcelone« (Verteidigung auf den Straßen von Barcelona)

Aus: Ministerio de Asuntos Exteriores (Hg.): Fotografías de Robert Capa sobre la Guerra Civil española. Ed. El Viso, o.O., o.J., S.59.

Milicianas II

Bildunterschrift: »Milicienne« (Miliciana)

Aus: Ministerio de Asuntos Exteriores (Hg.): Fotografías de Robert Capa sobre la Guerra Civil española. Ed. El Viso, o.O., o.J., S.94.

20. Grupo de milicianas a punto de desplazarse al frente de Huesca. 28 de agosto de 1936.
Centre d'Estudis Històrics Internacionals-Centre d'Estudis Històrics Contemporànis, Universidad de Barcelona.

21. Milicianas. *Revista para la Mujer.* Diciembre de 1936.
Centre d'Estudis Històrics Internacionals-Centre d'Estudis Històrics Contemporànis, Universidad de Barcelona.

Milicianas III

Bildunterschrift oben: Eine Gruppe von Milicianas, die gerade an die Front von Huesca ausrückt. 28. August 1936
Bildunterschrift unten: Milicianas. Revista para la Mujer (Zeitschrift für die Frau). Dezember 1936

Aus: Centre d'Estudis Històrics Internacionals – Centre d'Estudis Històrics Contemporànis; abgebildet in: Mary Nash: Rojas. Las mujeres republicanas en la Guerra Civil. Taurus, Madrid 1999

Primeros días de la Revolución Social. Calle de Alcalá. Julio 1936.

Milicianas IV

Bildunterschrift: Die ersten Tage der Sozialen Revolution. Calle de Alcalá (Straße in Madrid), Juli 1936

Aus: Mujeres Libres: Luchadoras Libertarias. Fundación Anselmo Lorenzo, Madrid 1999

Mujeres Libres en el frente de Aragón.

Mitglieder der Mujeres Libres beim Waschen an der Front

Bildunterschrift: Mujeres Libres an der Front von Aragonien

Aus: Mujeres Libres: Luchadoras Libertarias. Fundación Anselmo Lorenzo, Madrid 1999

22. Enfermeras en un campo de instrucción militar de Pins del Valles.
21 de marzo de 1937.
Archivo Histórico de la Ciudad de Barcelona.

23. Miliciana. Julio de 1936.
Archivo Histórico de la
Ciudad de Barcelona.

Frauen bei Unterstützungstätigkeiten an der Front

Bildunterschrift oben: Krankenschwestern in einem militärischen Ausbildungslager in Pins del Valles, 21. März 1937
Bildunterschrift unten: Miliciana, Juli 1936

Aus: Archivo General de la Guerra Civil española, Sección Iconografía: Tarjetas Postales; abgebildet in: Mary Nash: Rojas. Las mujeres republicanas en la Guerra Civil. Taurus, Madrid 1999

"Adelita del Campo" Adela Carreras, de pie, a la izquierda del gendarme en el campo de concentración.

Internierungsslager in Südfrankreich

Bildunterschrift: »Lager-Adelita« Adela Carreras, links vom Polizisten stehend, im Internierungslager

Aus: Mujeres Libres: Luchadoras Libertarias. Fundación Anselmo Lorenzo, Madrid 1999

Lucía Sánchez Saornil, fotografía tomada durante la Revolución española.

Consuelo Berges.

Amparo Poch y Gascón en sus años mozos. (Foto cedida por Antonina Rodrigo).

Fotos von Mujeres Libres-Mitgliedern I

Aus: Mujeres Libres: Luchadoras Libertarias. Fundación Anselmo Lorenzo, Madrid 1999

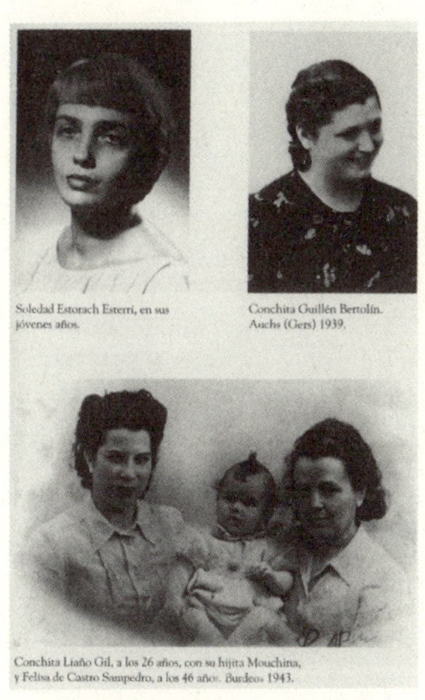

Soledad Estorach Esterri, en sus jóvenes años.

Conchita Guillén Bertolín. Auchs (Gers) 1939.

Conchita Liaño Gil, a los 26 años, con su hijita Mouchina, y Felisa de Castro Sampedro, a los 46 años. Burdeos 1943.

Pepita Carpena Amat. Marsella, 1944.

Sara Berenguer Laosa. Barcelona 1937.

Pepita Carpena y Águeda Abad. Marsella, 1945.

Amada de Nó. Béziers, 1988.

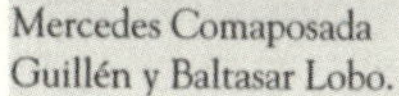

Mercedes Comaposada Guillén y Baltasar Lobo.

Lola Iturbe.

Fotos von Mujeres Libres-Mitgliedern II

Aus: Mujeres Libres: Luchadoras Libertarias. Fundación Anselmo Lorenzo, Madrid 1999

Suceso Portales Casamar
Sara Berenguer Laosa
Gracia Ventura Fortea
Colaboradoras del Boletín
"Mujeres Libres en el Exilio".
Montady, Francia, fotografía
tomada entre 1973 y 1974.

Conchita Guillén, Soledad Estorach y Sara Berenguer, reunidas en París, a petición de Mercedes Comaposada. París, 22/10/1981.

Fotos von Mujeres Libres-Mitgliedern III

Oben: Autorinnen der Exilzeitschrift
Unten: Ehemalige Mitglieder in den 80ern

Aus: Mujeres Libres: Luchadoras Libertarias. Fundación Anselmo Lorenzo, Madrid 1999

Pepita Carpena Amat, Concha Liaño Gil, Sara Berenguer, Concha Guillén.

Fotos von Mujeres Libres-Mitgliedern IV

Vier der Autorinnen des Buches »Luchadoras Libertarias« beim Redigieren des Buches

Aus: Mujeres Libres: Luchadoras Libertarias. Fundación Anselmo Lorenzo, Madrid 1999

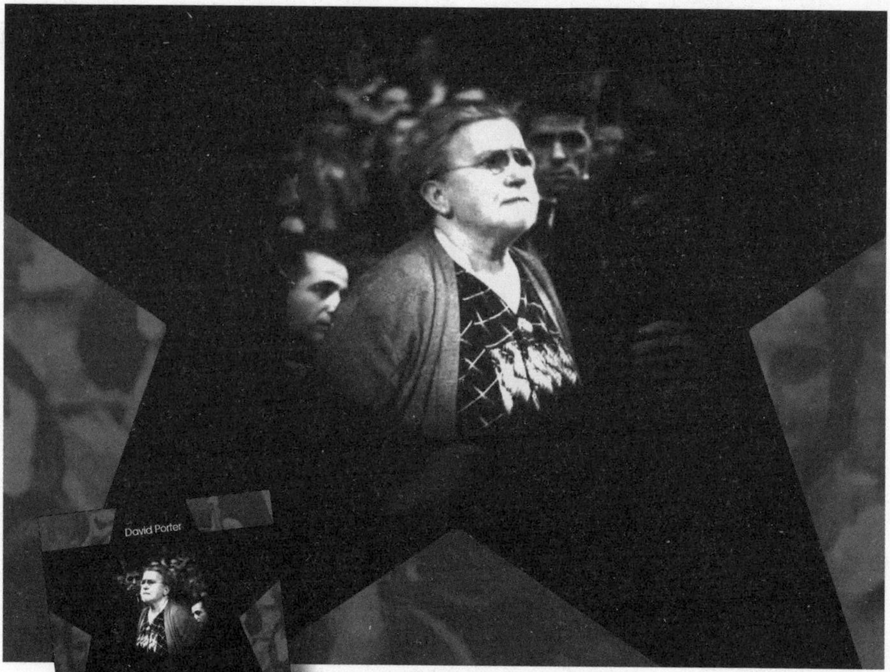

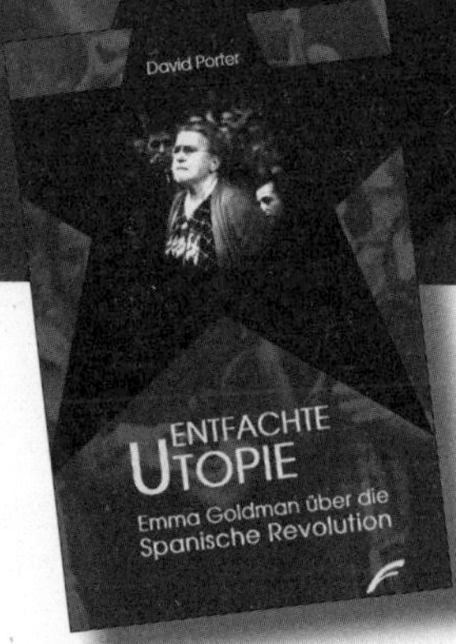